JN045845

家族法と戸籍実務等を
めぐる若干の問題・上

澤田省三〔著〕

発行 テイハン

はしがき

　本書は私が平成13年（2002年）から平成24年（2012年）までの間に全国連合戸籍住民基本台帳事務協議会編の雑誌「戸籍」に発表した論説・講演録13編と今回新たに書き下ろした論説１編の計14編からなっている。それを「上」「中」「下」に分けて刊行することにしたものである。本書はその「上」巻である。14編の内訳は，論説が９編と講演録が５編である。

　私は，平成12年（2001年）に「家族法と戸籍をめぐる若干の問題」（テイハン刊・2000年）を公刊した。これは昭和62年（1987年）に法務省から学者の世界に転じてからほぼ14年の間に「法律のひろば」（ぎょうせい），「判例時報」（判例時報社），「民事研修」（法務総合研究所），産経法学（宮崎産業経営大学法学部紀要），志學館法学（志學館大学法学部紀要）等に発表した論文を収録したもので，いわば私の学者生活の前半部分の研究論文等である。

　いずれもその内容は別として，新しい学問の世界に入り，無我夢中で研究に勤しんだ姿勢の一端が表れているようでもある。今回の「家族法と戸籍実務等をめぐる若手の問題」は，私が中京大学法科大学院に在職中の論文が中心となっており，若干のものは同大学院を退職した後に書いたものも含まれている。振り返ってみれば，それらの内容は当然のことながら自分の身の丈相応のものでしかないが，法学者としての基礎的知見を身につける暇もなくスタートしてここまでやってこられたことにはそれなりに満足している。何よりも大きな収穫は25年の学究生活の中で多くの民法学者・弁護士・公証人等の実務家の方々との交流の機会を持てたことであった。そう

した方々から受けた学問的刺激の積み重ねも私の大きな財産であった。そして，私の職場のふるさとでもある法務省とりわけ民事局の多くの皆さんには退職後も温かいご支援をいただいたことも私にとってはとても幸運なことであった。思いもよらぬ転職人生ではあったがまずは悔いのない旅路であったと八十路の半ばを過ぎ実感しているところである。

この論文集が多くのお世話になった方々への私自身のいささかの努力の証しとなるなら望外の幸いである。

最後に長きにわたって拙稿を「戸籍」誌に掲載し，あるいは単行本として出版することに絶えず温かいご理解とご支援をいただいた(株)テイハンの皆さんにも心からの敬意と感謝の気持ちを捧げたい。また，本書の出版に際しては，同社の企画編集部長南林太郎氏と企画編集課の三上友里氏に大変お世話になりました。改めて心からの感謝を申し上げます。

2022年2月

澤　田　省　三

凡　　例

　本書は全体を通して平易で理解しやすいよう努めておりますが，条文を説明するに当たり引用条文が多岐にわたるため以下のように略記させていただいております。

民……………民法（明治29年法律第89号）

戸……………戸籍法（昭和22年法律第224号）

戸規…………戸籍法施行規則（昭和22年司法省令第94号）

人訴法………人事訴訟法（平成15年法律第109号）

住基法………住民基本台帳法（昭和42年法律第81号）

・

家審法………家事審判法（昭和22年法律第152号）*1

家審規………家事審判規則（昭和22年最高裁判所規則第15号）*2

（＊1）家事審判法は，平成25年（2013年）1月1日，家事事件手続法の施行に伴い，廃止されています。

（＊2）家事審判規則は，平成24年（2012年）7月17日に廃止されています。

「家族法と戸籍実務等をめぐる若干の問題・上」
目　次

● ● ●

◆初出一覧

❶ 生殖補助医療（人工生殖）をめぐる親子法的課題覚書
　　戸籍誌714号（平成13年3月）・同715号（平成13年4月）

❷ 生殖補助医療問題等覚書—法制化への願いをこめて—
　　令和3年10月書き下ろし（本書初収）

❸ 親子法をめぐる最近の話題から—記念講演—
　　戸籍誌726号（平成14年第54回全連総会特集号）

生殖補助医療（人工生殖）をめぐる親子法的課題覚書

⒈ はじめに

　新しい世紀を迎えて家族法の分野でも規定の見直しとか新しい規定の整備が求められている分野の一つとしていわゆる「親子法」の部分が挙げられている。

　前者に属する部分としては現行の嫡出推定規定（民772条）を中心とした親子関係の成否に関するものが象徴的な論点であり，後者に属するものとしては近時の生殖医療技術の発展とともにその実施範囲を拡大している生殖補助医療（人工生殖）によって出産する子をめぐる親子関係の確定・成否の問題がそれである。

　時あたかも昨年12月28日厚生労働省（当時は厚生省）の厚生科学審議会医療技術部会の下に設置されていた「生殖補助医療技術に関する専門委員会」が２年余の検討を経て「精子・卵子・胚の提供等による生殖補助医療のあり方についての報告書」を取りまとめた。これは，わが国において1949年に最初の人工授精子が誕生して以来今日まで生殖補助医療に関し，その実施の類型は多様化し出生する子も増加しているにもかかわらず，これに関連する法規もなく，わずかに日本産科婦人科学会を中心とした医師の自主規制と出生子についての法的地位に関しては既存の民法規定の解釈適用によって対応している現状に根本的な問題点のあることを意識してなされたものであると考えられる。

　1998年６月５日，30歳代の妻が実妹から卵子の提供を受けて，夫

1

の精子を用いた体外受精により，1997年に双生児が出生していたことを長野県下の産婦人科医が公表したこともこの問題の議論に拍車をかけることになった衝撃的事件であったが，同時に生殖補助医療に関する学会の「自主規制」なるものの限界を見せつけたものでもあった。

　こうした生殖補助医療をめぐる諸現象は，生命倫理ないし医の倫理上の問題としても多くの論点を提起しているが，同時に現行の法秩序に対しても種々の問題を提起しておりしかもその範囲は憲法論（人権論）・刑事法・民事法・医療法等の法学の諸分野にまたがる広範囲のものであると指摘されている[1]。

　問題を民事法（家族法）の問題に限定しても生殖補助医療の方法によって生まれた子の法的地位をどのように扱うべきか，つまりは当該子の「父」は誰であり，「母」は誰かという基本的問題に還元できよう。あるいは当該子の父母を知る権利の有無等重要な問題が存在している。さらに，より根本的な問題としてどの範囲までの生殖補助医療を是認しうるかという問題も家族法の射程内の問題として位置づける必要があろう。こうした点も含めて厚生労働省の前記専門委員会の報告書は３年以内の立法化を求めて具体的な問題提起をしている。

　そこで本稿では，この問題をめぐる一連の経過と問題点を少し視野を拡大して素描しつつ，併せて前記専門委員会の報告書の内容を紹介して若干の考察を加え読者のご参考に供したいと考えるものである。なおこの問題をめぐっては既に多くの先進的な研究成果が発表されており，本稿もそれらの成果に負うところか大きいが，これらについては記述の関係部分でご紹介したいと考えている。

1)　東海林邦彦教授代表・生殖医療技術をめぐる法的諸問題に関する研究プロジェクト・「生殖に関する医療的技術（生殖医療技術）の適正利用および濫用規制に関する勧告」ジュリスト1045号105頁

②　生殖補助医療（人工生殖）とは何か

　生殖技術そのものは三つに分類できるとされている。第一は，避妊，人工妊娠中絶等生殖力を抑制し，望まない子どもの出生を回避する技術である。第二は，子どもを持つことができなかった人々に子どもが産めるようにする技術である。いわゆる不妊治療といわれるものである。第三は，生命の質の選別をするための技術である。[1]

　本稿で取り上げる問題はもちろん第二の範疇に属する問題である。一般に生殖補助医療（人工生殖）とは，人為的な方法の助けを借りて行う生殖をいうものとされている。そのすべてが果たして「医療行為」といえるのかというより根源的な問題もあるが，ここではそれらの問題には触れない。

　それでは現在いわゆる生殖補助医療（人工生殖）といわれているものにはどのような種類があるのであろうか。

　第一は人工授精である。生殖補助医療の最も代表的な事例といえよう。人工授精は，性交によっては生殖の目的を達せられない夫婦が子をもつ手段として開発された方法である。男性側に不妊原因がある場合に，精子を性交によらずに妻の子宮に注入し授精，妊娠する方法である。現在では，卵管に精子を送り込む方法もあるとされている。この方法にも二つの種類がある。一つは配偶者間人工授精（Artificial Insemination by Husband, AIH）と呼ばれているものである。この方法は精子過少症などには治療効果があるが，無精子症

の場合には治療効果は全く期待できない。そこで登場したのが非配偶者間人工授精（Artificial Insemination by Donor, AID）である。文字どおり夫以外の第三者（ドナー）の精子を妻の子宮に注入する方法である。

第二は体外受精である。体外受精（In Vitro Fertilization, IVF）は，女性側の原因による不妊，それも卵管通過障害に対する不妊治療として登場したものである。具体的には卵巣から卵を採取し，試験管の中で精子と結合させて受精させ，培養して4ないし8個に細胞分裂するのを確認して受精卵を子宮に移植する方法であるとされている。

もっとも広義の体外受精にはそのバリエーションとして三つの方法が指摘されている。一つは，卵と精子を体外で受精させ，細胞が4から8個に分割した受精卵（胚）を子宮へ移植する体外受精・胚移植法（In Vitro Fertilization Embryo Transfer, IVF—ET《狭義の体外受精》）であり，二つは，卵と精子を混合させて，受精は確認しないで卵管に移植する配偶子卵管内移植法（Gamete Intra Fallopian Transfer, GIFT《ギフト法》）であり，三つとして，卵と精子を受精させるがごく初期の接合子の段階で，卵管に移植する接合子卵管内移植法（Zygote Intra Fallopian Transfer, ZIFT《ジフト法》）である[2]。

これにも二つの形態がある。一つは，妻の卵子と夫の精子を使用して妻の子宮内に移植するいわゆる配偶者間体外受精であり，今一つは，第三者から精子や卵子の提供を受けて妻の子宮内に移植する方法である。

なお，この体外受精の技術の進展は精子・卵・受精卵の凍結保存

4

　も容易にしており，体外受精を効率的に実施し，当事者への負担を軽減し，成功率を向上させるための重要な技術とされるに至っている。つまり凍結保存により，子宮への移植の時期を母体の条件のよい時にするとか，多数の卵が採取され子宮に戻す以上の受精卵ができたときに凍結保存をしておけば，次回の移植の時に，排卵誘発剤の投与と採卵という身体的リスクを伴うプロセスを省略できるなどの利点が指摘されている。

　また体外受精は前記のとおり当初は卵管因子の治療法としてスタートしたが，次第にその他の不妊因子にも適用され，男性因子不妊に対する有効性も確認されてきた。しかし，受精の確認を顕微鏡で実施したところ，どうしても受精できない男性因子症例が多く存在することが明らかになり，特に「運動精子」濃度が低い場合，あるいは，精子濃度が著しく低値である場合には妊娠率が低いことが判明した。そこでこのような場合の治療法として，顕微授精（microinsemination）という技術が開発されている。これにもいくつかの方法があるようであるが，最も一般的なのが透明帯開孔法と呼ばれているもので，卵子の周りの透明帯に小孔を作り，精子がそれをバイパスとして使用するものであり，精子の運動性が低下している症例でも受精が期待できるというものである。[3)]

　第三は代理母である。これにも二つの種類がある。一つは，女性側に不妊の原因がある場合（例えば卵巣や子宮などがなくて子どもを産めない時）に，夫の精子を妻以外の女性に人工授精して産んでもらう方法であり，これを人工授精型代理母という。サロゲート・マザー（surrogate mother）と呼ばれているものである。今一つは，妻が卵を生産することはできるが子宮等がなく出産できないときな

どに，妻の卵子を夫の精子を体外で受精させて，別の女性の子宮に移植して出産してもらう方法であり，これを体外受精型代理母という。いわゆる借り腹ということからホスト・マザー（host mother）とも呼ばれている。

1) 金城清子「生殖革命と人権」中公新書38頁（1996年）
2) 金城清子　前掲(1)49頁
3) 堤　治「生殖医療のすべて」丸善ライブラリー93頁以下（1999年）

③　わが国における生殖補助医療（人工生殖）の実態

　さて，それではわが国における生殖補助医療（人工生殖）の実態はどのようになっているのであろうか。前記の種類別に見てみよう。

　まず第一の人工授精のうち配偶者間人工授精（AIH）であるが，これは多くの産婦人科医院で日常的に行われているようである。夫婦間の生殖に人為が介在するものではあるが，性交による生殖が，人工的な技術に代わっただけであり，既にかなり以前から実施されているものである。しかし，この方法による出生子かどれくらいかは不明である。他方，非配偶者間人工授精（AID）ではどうなっているであろうか。わが国では，1949年に慶應大学病院で出生した女の子が最初の事例であるとされている。この方法による試みはその後いくつかの大学でも行われたようであるが，精子の提供者を確保できないという理由で，現在，AIDの実施を公表しているのは慶應大学病院だけといわれている。そして既に1万人以上のAID児が出生しているとされている。

　第二の体外受精である。世界最初の体外受精児が1978年にイギリスで帝王切開により生まれると，この技術は世界に広まり，わが国

では1983年に東北大学のグループにより成功して第１子が出生した。1988年までは体外受精児は全部でわずか211人であったものが以後年々増加し1989年には449人，1990年には1048人，1991年には1700人，1992年には2591人，1993年には3334人，1996年には4436人，1997年には5060人と報告されている。既に３万人を超える体外受精児が出生しているのが実情である。[1]

　第三が代理母である。1991年にアメリカの斡旋業者が日本で「代理母出産情報センター」を開設し，斡旋（仲介）行為を開始してからは相当数の代理母による出産の事実が公表されるに至っている。同センターによれば，1998年１月の時点で25組の日本人夫婦が計34人の子を代理母に産んでもらっているという。その内訳は，①夫の精子を代理母に人工授精する方法で３人（夫婦３組），②夫婦の精子と卵子を体外受精し，代理母の子宮に入れる「借り腹」の方法で13人（夫婦11組），③夫の精子と卵子ドナーの卵子を体外受精し，代理母の子宮で育てる方法で18人（夫婦11組）となっている。この25組の中には先天的な障害や病気で子宮を摘出して子どもを産めない女性が６人いたとされている。[2]

　なお，その後の報道によれば米国での代理母からの日本人の子が生まれた数は約50人とされている。[3]

1)　金城清子「生殖革命と人権」56頁以下参照
　　日本弁護士連合会「生殖医療技術の利用に対する法的規制に関する提言」63頁等
2)　1998年１月７日付け毎日新聞
3)　2000年１月27日付け日本経済新聞

④ 生殖補助医療（人工生殖）の問題点

　ところで，こうした生殖補助医療の技術によって子をもうけることについては多くの視点からの問題が提起されている。しかし，ここでは親子法との関連を中心に問題点を概観することにしたい。

　既に述べてきたように，生殖補助医療（人工生殖）をめぐる実態は極めて大きな既成事実を重ねて今日に至っている。しかし，生殖技術に関する規制は後に触れるが，「見解」と称する日本産科婦人科学会によるガイドラインがあるだけで，しかもその内容の遵守を担保する制度はない。加えて明示的な法的対応もなされないまま今日に至っている。しかし，子の出生という事実を受けて，実際は子をもうけた夫婦の子として戸籍上の処理がなされているものと思われるが，それは決して法的問題をクリアーしていることを意味するものではない。

　訴訟の場面でも最近になって漸く関連の判例が２件ほど公表されたに過ぎない。法的整備の重要性は喫緊の課題である。生殖補助医療技術に関する専門委員会の報告もそうした問題認識の下にまとめられたものであろう。

　いずれにしても，どのような内容の法的整備が望ましいかを考えるにはまず現状において提起されている問題点を整理しておくことが必要であろう。

　まず人工授精子である。そのうち配偶者間人工授精（AIH）であるが，これは夫婦間の生殖であることには変わりはないので，生まれる子どもは遺伝的にも夫婦間の子であるから，倫理的にも，法律的にも格別の問題は生じない。しかしなから，生殖補助医療技術の

進展はここでも新たな問題を提起している。例えば精子の冷凍保存が可能となったために夫の死亡後に生前採取して保存していた精子による人工授精を妻が希望したり，あるいは，脳死状態や植物状態の夫の精子を採取して人工授精させることを希望した例が米国などで起きており，そうした場合の法律問題の検討も必要であると指摘されている。

　他方，非配偶者間人工授精（AID）の場合は問題がある。当然のことながら，この場合は夫以外の精子を使用するわけであるから，生まれた子どもは生物学的・遺伝的には明らかに夫の子ではない。ここでは「父」は誰かが主たる問題点である。母とは血縁関係が存在しているからその限りでは問題は生じない。さて，「父」の問題は現在はどう考えられているのか。このような事態は民法は予想していない事柄であろう。しかし，現実の処理としては現行法の規定に即して行わなければならない。そこで，現在ではこのような生殖補助医療行為が夫婦の合意の下になされたのであれば当該子どもに「嫡出性」を与えるのが多数説とされている。しかし，このように常に夫婦の合意の下になされるという保証はない。そのような場合にはどう考えるのか。「嫡出性」を否定していつでも父子関係を否定できるというようなことでは「子」の地位は不安定そのものであり問題が残る。この点についての判例・法務省の見解等については後で触れることにしたい。

　次は体外受精である。これは卵子の提供者，精子の提供者との関係でいくつかの形態があるが，通常次の4つに分類できよう。①妻の卵子と夫の精子を体外で受精させ，妻の子宮に戻すケース，②妻の卵子と夫以外の第三者の精子を体外で受精させ，妻の子宮に戻す

ケース，③妻以外の第三者の卵子と夫の精子を体外受精させ，妻の子宮に戻すケース，④妻以外の第三者の卵子と夫以外の第三者の精子を体外で受精させ，妻の子宮に移植するケース，が考えられる。このうち①は前記の人工授精におけるAIHの場合と同じように，生まれる子どもは遺伝的にも夫婦間の子であるから，倫理的にも法律的にも格別の問題は生じない。しかし，②③④の場合は法律上の「父」「母」は誰かという問題に直面する。つまり②のケースでは，「父」を考えるとき，少なくとも「夫」なのか，あるいは「精子の提供者」なのかという問題である。「母」については問題はない。③のケースでは，②と逆に「父」は「夫」であると解してよいが，「母」については「妻」（出産している）なのか，「卵子の提供者」なのかという問題である。④のケースになると，「父」は「夫」なのか，「精子の提供者」なのか，「母」については，「妻」なのか「卵子の提供者」なのかという問題である。わが国では，従来①のケースのみが実施されていたようであるが，最近③のケースが発生したことは前記のとおりである。

　なお，この体外受精は人工授精とともに法律婚の関係にない事実上の婚姻関係にある夫婦あるいは未婚の女性等がこの方法によって子をもうけた場合にも複雑な問題を提起することも留意されるべきであろう。

　最後は代理母である。まず人工授精型代理母の場合である。これは夫の精子を妻以外の女性に人工授精して子をもうける方法であるが，ここでは「父」については「夫」であるとすることについて，生物学的・遺伝的にも格別問題は生じないと思われるが，「母」については，代理出産した「女性」が母なのか，それとも「妻」なの

かが問題となる。どちらと解するかによって子の法的地位は「嫡出
でない子」「嫡出子」のいずれかにならざるを得ないが，仮に前者
だとすれば，その子を当該夫婦の法律上の「子」とするためには養
子縁組が必要となってこよう。もう一つの体外受精型代理母の場合
はどうであろうか。妻の卵子と夫の精子を体外受精させて，別の女
性の子宮に移植する方法であるから，この方法により生まれた子は，
代理母を依頼した夫婦と生物学的・遺伝的なつながりをもっている
からその限りで夫婦を法的な「父母」と規定してもよさそうである。
しかし，分娩したのは代理母である。「父」についてはともかくと
して，「母」については「妻」なのか，「代理母」なのかが問題とな
りうる。これまた，いずれと解するかにより「子」の法的地位に差
異を生じ，人工授精型代理母と同様の問題が発生する可能性がある。

　わが国では，周知のとおり法的母子関係の成立については，「母
とその嫡出でない子との親子関係は，原則として，母の認知をまた
ず，分娩の事実により当然発生する」という有名な最高裁判決があ
る。[1]

　しかし，代理母の場合に，これをそのままあてはめるのは問題が
ないわけではない。なぜならこの判決は，分娩する者と卵子の提供
者が一致しないような事態を全く予想していなかったと思われるか
らである。そうとすれば，やはり問題は残っているというべきであ
ろう。

　この問題に関連しては1986年にアメリカのニュージャージー州で
代理母（体外受精型代理母のケース）の出産した子をめぐり，代理
母契約の有効性の問題とともに生まれた「子」の法的地位をめぐっ
て依頼夫婦と代理母間で熾烈な争いが展開され，代理母の問題がは

らむ問題点を様々な角度から明らかにした著名な事件があった。州の最高裁判決は，金銭の授受を伴う代理母契約は無効であるとし，「母」は代理母である旨の判断を示している。[2]

1) 最高裁判決昭和37年4月27日民集16巻7号1247頁
2) 樋口範雄「代理母訴訟判決―ニュー・ジャジー州のベビーM最高裁判決をめぐって」法学教室96号76頁以下参照

5 生殖補助医療（人工生殖）の規制について（学会のガイドライン）

さて，生殖補助医療（人工生殖）の内容，実態等について概観してきたが，こうした分野での規制はどのようになっていたのであろうか。既に触れたとおりこの問題に対しては種々の法的諸問題を内含していたにもかかわらず明確な法規制もなく医学ないし医療技術の独走と評されるような状況にあった。

わずかに，1980年代以降日本産科婦人科学会の「会告」という形での自主規制（もとより医療の視点からのものではあるが）が存在していただけである。しかし，それらは法的諸問題とリンクして定められたものでは決してない。したがって，その評価はいろいろであろうと思われる。ただ，それが業界において一定の役割を果たして生殖補助医療行為の暴走の歯止めになっていたことも事実であり，その意味で一定の評価がされなければならないと思われる。

ここではどのような規制がなされているのかを参考までに概観しておきたい。

(1) 人工授精について

わが国では従前人工授精についても何らの規制もなかった。現在，

AIDを実施しているのを公表している慶應大学病院における内部指針が事実上の規制となっていたといわれている。同病院では，法律上の婚姻をした夫婦で，他の方法によっては懐胎しえない者に限ってAIDを実施していると指摘されている[1]。しかし，1997年5月に至ってやっと日本産科婦人科学会が「非配偶者間人工授精と精子提供」に関する見解としてAIDの実施を承認したのである。その主たる要件とされているのは，以下の点である。

AIDによらなければ妊娠成立の見込みがないと判断され，しかもこの方法により挙児を希望するものを対象とする。具体的にはAIDの実施は無精子症に限定される。被実施者は法的に婚姻している夫婦であって，心身ともに妊娠・分娩・育児に耐え得る状態にあるものとする。したがって，事実婚のカップルは対象外である。このため実施に当たっては戸籍謄本の提出及び不妊夫婦からの同意書の作成を求めており，同意書には夫婦双方の署名，拇印を押し，登録を行うこととしている。精子提供者のプライバシー保護のため精子提供者は匿名とするが，実施医師は精子提供者の記録を保存するものとされている。また，精子提供は営利目的で行われるべきものではなく，営利目的での精子提供の斡旋もしくは関与または類似行為を禁止している。そして，AIDを実施する施設は学会への施設登録を行うものとされている。

⑵　体外受精について

体外受精については同学会が次のようないくつかの会告を出して，傘下の会員に対して一定の規制をかけている。

①　「体外受精・胚移植」に関する見解（1983年10月会告）

この見解の要点のみ注記すれば以下のとおりである。

(a)　体外受精はこれ以外の医療行為によっては妊娠成立する見込みがないと判断されるものを対象とする。

(b)　被実施者は婚姻しており，挙児を希望する夫婦で，心身ともに妊娠・分娩・育児に耐え得る状態にあり，成熟卵の採取，着床および妊娠維持が可能であること。

　つまり，体外受精による治療が可能なのは法律婚をしているカップルであって，しかも成熟卵の採取，着床および妊娠維持が可能でなければならないから，少なくとも一側の卵巣を有すること，子宮を有すること，それらが妊娠維持を不可能とするような疾患を有しないことが要求されているわけである。

②　「ヒト精子・卵子・受精卵を取り扱う研究に関する見解」
　　（1985年3月会告）

　この見解は，精子・卵子・受精卵を取り扱う研究の有用性を認めた上で，その倫理的・法的・社会的な基盤等に十分配慮することを前提として，その留意事項を明らかにしたものである。

　研究の許容範囲を生殖医学発展のための基礎的研究と不妊症の診断治療の進歩に貢献する目的に限定し，受精卵は2週間以内に限って，研究に用いることができることとし，学会員が研究を開始する場合には，所定の書式によって学会に登録・報告することを求めている。

③　「ヒト胚および卵の凍結保存と移植に関する見解」（1988年
　　4月会告）

　この見解は，胚は受精後14日以内のものを凍結保存できるものとし，その保存期間は，被実施者夫婦の婚姻の継続期間であって，かつ，卵を採取した母体の生殖年齢を超えないものとしている。そし

て，卵の凍結保存期間も当該婦人の生殖年齢を超えないものとするとしている。ここでも学会員に対して登録・報告を求めている。

　④　「顕微授精法の臨床実施に関する見解」（1992年１月会告）

　この見解は顕微授精の実施に当たっては，難治性の受精障害で，これ以外の治療によっては妊娠の見込みがないか極めて少ないと判断された夫婦のみを対象としている。つまり高度の乏精子症，極端な精子無力症，原因不明の受精障害などで，従来のIVFやGIFTを行っても受精や妊娠しない患者ということである。そしてこれを実施する医療機関は，既に体外受精・胚移植（IVF・ET）などによる分娩の成功例を有することを必要とするものとして限定しており，学会員がこの方法を行うに当たっては，所定の書式に従って学会に登録・報告をしなければならないとしている。

　⑤　「『多胎妊娠』に関する見解」（1996年２月会告）

　この見解は近年の生殖補助医療の進歩に伴って多胎妊娠の頻度が増加し，多胎妊娠の中でも，特に４胎以上の妊娠には母子の生命のリスクを高めるといった医学上の問題点が指摘されていることを受けて，多胎妊娠の防止を図ることでこの問題の解決を志向すべきであるとしている。そして，体外受精・胚移植においては，移植胚数による妊娠率と多胎率とを勘案して移植胚数を原則として３個以内とし，また，排卵誘発に際してはゴナドトロピン製剤の周期当たりの使用量を可能な限り減量するよう強く求めることとしている。

　⑥　「『着床前診断』に関する見解」（1998年10月会告）

　この見解は近年，ヒトの体外受精・胚移植の実施例が急増し，これに伴い生殖生理学の知識と技術は大きく進歩し，特にin vitroでの受精卵の取扱技術の進歩と分子生物学的診断法の発展は，個体発

生に影響を与えることなく受精卵の割球の一部を生検し，これにより当該個体の有する遺伝子異変を着床前に検出，診断することを可能にしたことを受けて，一定の条件の下で臨床応用を認めるものである。見解によれば，これは重篤な遺伝性疾患に限り適用されることとされている。「重篤」であるかどうかは申請により個別に判断することになっている。目的は遺伝性疾患の診断であるから，目的外の男女生みわけなどに使用することは許されない。遺伝子操作は行わない。実施は，強い希望があり，かつ，夫婦で合意が得られた場合に限り認めるものとされている。実施に当たっては所定の様式に従って学会に申請し，認可を得なければならないし，実施状況とその結果について毎年定期的に報告する義務を課している。

　以上が日本産科婦人科学会が生殖補助医療（人工生殖）に関連して現在までに明らかにしている見解の主たる内容である。AIDについては従来長期にわたって何らの公的指針なくして行われてきたものを前記のとおり1997年にやっと事後的に追認した形になっている。しかし，いわゆる「借り腹」や「代理母」についてはこれを認めないというのが今日においても学会の方針であるといえよう。学会の会告では会員に対してガイドラインの厳守を要望している。

　1）　石井美智子「人工生殖の法律学」53頁以下
　　　なお日本産科婦人科学会のガイドライン（見解）の内容は日本産科婦人科学会誌51巻1号（平成11年1月）に掲載されているものに拠っている。

6　生殖補助医療（人工生殖）による出生子の法的地位に関する学説

　生殖補助医療（人工生殖）の方法によって生まれた子の法的地位

をどのようにするかはこの問題をめぐる中心的な論点の一つである。この点に関しても既にかなりの学者による解釈論が展開されてきたところであり，それは今後の立法にも大きく影響するものと思われる。そこで，ここではこの点に関する学説の概要を素描しておくことにしたい。以下の記述は，主として1998年10月に開催された日本家族〈社会と法〉学会において金沢大学（当時）の深谷松男教授がシンポジウムの資料として配布されたものに依っている。

I　配偶者間人工授精（AIH）の出生子について

　　これは夫婦間の出生子であり，格別の問題点を含むものではない。通常の嫡出子である。この点に関してはほぼ異論はないといってよいであろう。問題は，夫の死亡又は離婚等による婚姻解消後に夫の冷凍保存精子を用いて人工授精をし，婚姻解消後300日以上経過して子が生まれた場合にどう考えるべきかである。

　　①　この場合には民法772条の適用はなく，夫と出生子との間に法的父子関係は存在せず，母の嫡出でない子となるとする説。母の夫であった者に対する認知又は死後認知請求の可否の問題が残る。

　　②　婚姻成立後200日未満で生まれた子と同じく推定を受けない嫡出子となるとする説。ただし，この子は相続開始時点においては胎児になっていないので（同時存在の原則との関係），相続権の有無という問題が残る。

II　非配偶者間人工授精（AID）の出生子について

　　この場合妻と出生子の法的母子関係は格別の問題はない。問題は夫との関係である。

(1) AIDに夫が同意している場合

　(イ)　実子と位置づける見解

　　　1　椎定される嫡出子とする見解

　　　　多数説とされている見解である（小池隆一ほか編「人工授精の諸問題」80頁，我妻栄「親族法」229頁，久貴忠彦「親族法」197頁等）

　　　2　推定の及ばない嫡出子とする見解

　　　　夫の同意があっても夫との間に自然的血縁関係が存在しないから推定の及ばない嫡出子とする見解である（中川善之助「新訂親族法」365頁，泉久雄「親族法」203頁，唄孝一「体外受精と医事法」Law School 4号45頁等）。

　(ロ)　養子と位置づける見解

　　　この見解は嫡出推定に関する民法772条の適用を否定するが，夫の同意の中に養子縁組の意思を認め，妻の代諾によりAID出生子を養子と構成するものである（島津一郎「親族・相続法」107頁，前田達明「人工授精子の法的地位」判例タイムズ537号8頁等）。

(2) AIDに夫が同意していない場合

　　この場合には妻の姦通の子と同じと解し，夫が嫡出否認の訴えを提起してその嫡出性を否定することを認めるのが多数の見解である。さらに，客観的に夫の子ではありえないような場合には，いわゆる「推定の及ばない嫡出子」として否認の訴えによらず嫡出推定を否定できると解されている。

Ⅲ　その他の生殖補助医療（人工生殖）による出生子について

(1) 妻が出産する場合

(イ) いわゆる「借り卵」の場合（夫の精子と第三者の卵子
による受精卵を妻に移植する方法）

　この場合「母」の確定が問題である。母は卵子の「母」
か，子宮の「母」かの問題である。法的母子関係は分娩の
事実により発生するとの判例により，出産した妻が「母」
であることになるのではないか。夫との関係は生物学的に
も遺伝的にも「推定を受ける嫡出子」と解するべきであろ
うとする。

(ロ) 「借り受精卵」の場合（第三者の精子・卵子による受
精卵を妻に移植する方法）

　この場合も前記(1)と同様「母」は出産する妻ではないか。
「父」については前記AIDと同じに解すべきであろうか。

(2) **妻以外の女性が出産する場合**

(イ) 代理母（夫の精子を他の女性に人工授精する卵子提供
型代理母）

　この場合夫が法的な「父」であるとすることについては
問題はないであろう。問題は法的な「母」は誰かである。
依頼者夫婦が引き取り，嫡出子出生届をしたからといって
嫡出子と認めることは困難であり，妻は社会的な意味では
「母」であるかも知れないが法的な「母」とみるのは問題
であろう。これに対して代理母は妊娠・出産はもとより，
卵子の提供者でもある。法的「母」は代理母と解するのが
自然であろう。そうなれば，当該子どもは夫と代理母間の
嫡出でない子ということになる。妻がその子の法的母親に
なるためには普通養子縁組か特別養子縁組によらざるを得

ないが，後者であると要保護性という難問があり容易では
ないという問題もある。いずれにしても学説は明確でない。

㈹　代理母（夫の精子と妻の卵子を受精させ，それを妻以
　　外の女性に移植する体外受精型代理母）

　　この場合も夫が法的な「父」であることには問題はない。
問題は法的な「母」であろう。この場合は卵子提供者たる
依頼主に母として子の養育にたずさわる意思があり，代理
母は単に子宮（母体）を貸したに過ぎないが，やはり法的
「母」は分娩した代理母とすべきであるという見解がある
（二宮周平「家族法」138頁ほか）。そうであるとすると卵
子提供者が法的「母」となるためには養子縁組を要すると
いうことになろうか。

㈦　このように代理母の問題では妻以外の女性が出産する
　　場合により多くの問題が生じる。出産することを引き受
　　けた女性が子の引き渡しを拒否するとか逆に依頼者側が
　　何らかの原因で引き取りを拒否するような事態になった
　　ときはどうすべきか。代理母に夫がいたらどうなるか等
　　様々な問題が派生してくる。学説の内容は必ずしも明ら
　　かではない。

Ⅳ　精子・卵子のドナーと出生子との関係について

　　出生子がドナーに対して認知請求権を有するかどうかについ
てはこれを否定する見解が多数説とされている。もっとも事実
婚カップルのAIHの場合には認知を認める見解，AIDについて
は母の夫との父子関係が否定された場合には，精子ドナーが特
定できる限り，子からの認知請求権を認める見解もあるとされ

ている。

⑦ AIDによる出生子の法的地位をめぐる裁判例と問題点

　既にみてきたとおり，わが国においても生殖補助医療（人工生殖）により多くの子どもの出産という事実を積み重ねてきたのであるが，そのような子の法的地位が現実に問題となることは少なくとも表面に出ることはあまりなかったのが実態である。裁判の調停の場などにおいてはあるいは事件として存在していた可能性は推測できるが定かではない。裁判例という点でも公表されたものは存在しなかった。しかし，最近になって２件ほど人工授精子の法的地位をめぐって争われた事件が公表されるに至った。そこで参考までにこの２件の裁判例の概要を紹介しておくことにしたい。

⑴ 東京高裁平成10年９月16日決定・親権者指定審判に対する即時抗告事件（家庭裁判月報51巻３号165頁以下）

　この裁判例は親権者指定審判に対する即時抗告事件に関するものである。事実関係の概要は以下のとおりである。申立人・抗告人甲女と相手方乙男は平成２年11月22日婚姻した。乙男は無精子症で子どもができなかったが，子どもを強く欲しがったため，人工授精を試みることになり，第三者から精子の提供を受けて人工授精を試みたところこれが成功し申立人は妊娠し，平成６年２月６日無事に丙男を出産した。ところが，甲女と乙男は平成８年３月９日に別居するに至り，丙男の養育について当事者双方の合意が成立し，週末は甲女宅で，それ以外は乙男宅で交互に養育している。その後，甲女と乙男は平成９年１月22日調停離婚をし，丙男の親権者については審判で決定する旨合意した。

事案の本質的争点は父母いずれが親権者になるのが相当である
かにあるがそれはともかくとして本件では原審・抗告審いずれも
が本件人工授精子の法的地位について説示しているのでここでは
その部分に限定してその内容を紹介しておくことにしたい。

　まず原審の新潟家裁長岡支部の平成10年３月30日審判では以下
のとおり説いている。

「相手方は無精子症であり，第三者から精子の提供を受ける方法
による人工授精によって丙男が誕生していることから，相手方は，
生物学的には丙男の父ではないものと考えられる。しかしながら，
本件記録によれば，本件の人工授精においては精子提供者が明ら
かにされていないうえ，当事者双方の同意のもとに人工授精が実
施されたと認められるから，後日，丙男の嫡出性を否定すること
は，その行為の背信性，結果の重大性等に鑑みれば，申立人から
はもちろんのこと，相手方からも許されないというべきである」

　抗告審の判断は以下のとおりである。

「夫の同意を得て人工授精が行われた場合には，人工授精子は嫡
出推定の及ぶ嫡出子であると解するのが相当である。抗告人（妻）
も，相手方と未成年者との間に親子関係が存在しない旨の主張を
することは許されないというべきである」

　この二つの人工授精子（AID）の法的地位に関する判断は微妙
な差異を見せている。つまり原審判は，夫の同意を得てなされた
AID出生子に対して，後日その「嫡出性」を否定することは行為
の背信性，結果の重大性から許されない，といういわば間接的手
法で「嫡出子」としての地位の是認を説いているのに対して，抗
告審の決定はより端的に夫の同意を得て人工授精が行われた場合

には，人工授精子は「嫡出推定の及ぶ嫡出子」であると説いている点である。その法的構成が基本的には前記の学説の多数説に従ったものであるということはいえるが，簡潔な説示からは細部での法的構成は必ずしも明確とは言えないように思われる。しかし，AIDに関する最初の公開裁判例として注目に値しよう[1]。

(2)　**大阪地裁平成10年12月18日判決・嫡出否認請求事件**（家庭裁判月報51巻9号71頁以下）

　前記(1)の裁判例に対して本件はAID出生子の嫡出否認の可否が争われた事件であった。事実関係の概要は以下のとおりである。原告甲男と乙女は，平成4年3月31日に婚姻した夫婦である。婚姻後両者間には子どもができなかったため，乙女は，平成5年から複数の医療機関で不妊治療を受けていた。その間，体外受精・胚移植及び凍結胚移植を合計5回行ったが，一度妊娠反応が出たものの流産し，後の4回は妊娠にも至らなかった。

　乙女は，平成8年5月，前記医療機関とは別の医療機関において，第三者の精子を用いた人工授精を行った結果，妊娠し，平成9年1月27日，被告丙女を出産した。原告甲男は被告の命名や嫡出子出生届をしたが，その後，被告丙女に対する自己の父性について疑問を持つに至り，嫡出否認の訴えを提起したものである。

　これに対して本件判決は以下のように説いている。

「しかし，証拠によると，体外受精において余った受精卵は冷凍保存しておいて，それを用いて体外受精・胚移植をなすことは可能であること，乙女も平成7年に流産した後，同年から翌年にかけて冷凍保存しておいた卵を用いて子をつくる旨原告に伝えていることが認められる。そうすると，乙女の不妊治療を行っていた

ことや人工授精等が失敗に終わったことを知っていた原告が，乙女から人工授精等をする旨を告げられていたとしても，なお，その妊娠を過去に自己の提供した精子によるものと考えることがあながち不自然とはいえないし，原告は，そのように考えていたからこそ乙女から妊娠したことの報告を受けたときに何ら質問せず，また，被告の命名を自ら行ったとも考えられる。

　そして，原告が，乙女の不妊治療の経過や原告と乙女の双方が高齢であることなどから平成8年前半の排卵期が妊娠の最後の機会であると認識していたとしても，そのことから，原告が第三者の精子を用いての人工授精等による妊娠，出産を包括的に承認したとすることはできない。

　被告は，原告と乙女とは平成6年末ころから離婚状態にあり，単に同居しているだけの関係であったから，原告としては乙女が自己の精子により妊娠することに格別の意味はなかったと主張している。

　しかし，原告と乙女とが離婚状態にあったのであれば，原告には乙女が第三者の精子により妊娠した子についてその父となる理由はないものといえるのであるから，被告の主張は採用できない。

　また，乙女が第三者の精子による人工授精等について原告に説明したと認めるに足りる証拠がないばかりでなく（中略）証拠及び弁論の全趣旨によると，第三者の精子による人工授精を行うときは夫と妻の署名押印した誓約書が手続上必要とされているにもかかわらず，原告はそのような誓約書を作成していないことが認められる。

　以上の点に照らすと，原告が乙女の人工授精等による妊娠，出

産を事前に包括的に承認したと認めることはできない」

「証拠によると，原告が，乙女の反対を押し切って被告を丙と命名したこと，そのような出生届を提出したこと，原告が被告の兎唇を治すために手術費用を工面しようとしたことが認められる。しかし，これらの事実を考慮しても，原告が被告を自己の嫡出子として承認する旨の意思表示をなしたと認めることはできないし，他にこれを認めるに足りる証拠はない」

　本件は夫によるAIDへの同意がある場合にはAID子を「嫡出推定される嫡出子」とする前記多数説の見解と同様の立論を前提として判断が示されたケースである。したがって，主たる争点は二つあった。一つは，「夫の同意」の有無という事実認定であり，今一つは，出生後の夫による命名行為，出生届出行為が嫡出性の「承認」，つまりは嫡出否認権の喪失という効果をもたらすかどうかであった。前者については事前の同意があれば，「嫡出子」として否認できないということが前提になっているといえよう。本件では事前の承認の存在を否定し，加えて日本産科婦人科学会のガイドラインの求める誓約書も作成していない点（もっとも本件AIDは前記ガイドライン会告前に行われたものであるが，実際には会告によるのと同じ扱いがなされていたものと思われる）をも考慮して「承認」の存在を否定している。後者については，命名行為，出生届出行為ともに「承認」に当たらないとしている。[2]

　なお，関連して国会におけるこの問題に関する質疑の中で，当時の法務省の細川清民事局長は以下のように答弁されているので参考までにここで紹介しておきたい。1999年5月17日の参議院決算委員会におけるものであり，質問の内容はAID出生子の法的地

位に関するものである。

「AIDで出生された子供についての民法上の親子関係の問題でございますが，民法772条第1項は，『妻が婚姻中に懐胎した子は，夫の子と推定する。』ということに定めております。したがいまして，ご指摘のような場合でありましても，妻が婚姻中に懐胎して生まれた子供でございますから，民法上は夫の子，すなわち夫婦間の嫡出子というふうに推定されるわけでございます。

　問題は，夫とは生物学的な親子関係がないものですから，後に夫がその嫡出子たることを否認することができるかどうかという問題が次に問題になるわけですが，この場合は事前にそのことを夫が承認した場合には嫡出否認の訴えを提起して否認することはできないけれども，夫の承諾を得ないでそれがされた場合には夫は訴えによって嫡出否認をすることができるという地裁レベルの判例がございまして，それは非常に常識的な解釈ではないかと私どもは思っておるわけでございます。」

　この答弁に対して質疑者がさらに父子関係について「父親の方に関して，子供さんの実の父親と認めることは法的にはまだ不確実なところがあるというわけですか」と質問したのに対して，細川民事局長は次のように答弁されている。

「これは夫の意思にかかわっているわけでして，夫が嫡出否認の訴えを起こさないで1年を経過いたしますと嫡出否認の訴えはできなくなりますので，法的にはそれは父親と母親双方の嫡出子，夫と妻双方の嫡出子だという地位が確定するわけでございます。」

　しかし，AID出生子をめぐる法的問題はこれらに限定されるわけではもちろんない。精子提供者から認知請求が提起された場合

はどうなるか，あるいは，子ども自身や子どもの兄弟姉妹，夫の両親や夫の兄弟姉妹など，扶養や相続の権利義務を負う関係者が親子関係不存在確認訴訟を提起した場合にはどうなるか等々の問題は残されている。

1)　棚村政行「夫の同意を得て第三者から精子の提供を受け出生した人工授精子について父母が離婚した後に親権者をめぐって争われ，母親が親権者に指定された例」判例タイムズ1036号154頁
　　拙　稿「親権者指定審判に対する即時抗告事件」戸籍誌691号17頁

2)　石井美智子「妻が第三者の精子を用いた人工授精によって出産した子について，夫の嫡出否認の訴が認められた事例」判例タイムズ1036号160頁
　　拙　稿「嫡出否認請求事件」戸籍誌703号57頁

8　わが国における生殖補助医療（人工生殖）に関する法的整備に関する立法論の若干について

ところで生殖補助医療（人工生殖）をめぐっては家族法的視点からの問題点をめぐっていくつかの立法論も展開されている。ここでは代表的な見解の概要を参考までに紹介しておきたい。

まず，「生殖医療技術をめぐる法的諸問題に関する研究プロジェクト（代表・東海林邦彦教授）」が提言された「生殖に関する医療的技術（生殖医療技術）の適正利用および濫用規制に関する勧告」（ジュリスト1045号105頁以下）である。この問題全般についての包括的な貴重な研究であるがここでは親子法に関わる部分の勧告内容の要点を挙げることにしたい。

勧告は生殖医療に関する法的整備の必要性を，生殖医療技術を利用することが認められるか否か，認めるとした場合には，それが許される範囲及び要件・効果はどのようなものかを明確にすることで，

このような技術が適正に利用され，かつ，濫用を防止する方法を担保する必要があると考えるとして，生殖医療の現状が法的レベルでその基本ルールの確立されているヨーロッパ等に比較して遅れていることを指摘し，このままではいずれ対応に苦慮する事態を招くという認識のもとに法律の制定を勧告している。

親子法的部分に関する要点を挙げてみよう。

① 生殖補助医療（人工生殖）は，不妊に悩む夫婦（法律上の夫婦のほか，一定の証明可能な内縁の夫婦も含む）を対象とするものとする。

② 生殖医療技術において，代理母・貸し腹及び卵の提供は禁止すること。AIDについては法を整備すること。

③ 生殖医療技術のために精子を提供した者の一切の権利義務は，精子が提供された時点で終了するものとすること。

④ 精子提供の記録は，適正な方法により一定の機関に保存され，出生子の請求がある場合には，閲覧に供することができるものとすること。

⑤ 父子関係の確定については以下のように定めること。

(a) 妻が生殖医療技術の実施に関して夫の同意を得て出産したとき，その子の父は，同意した夫とすること。その同意は事前に書面によること。

(b) 妻の生殖医療技術の実施に関しては，夫は同意したものと推定する規定を定めること。

(c) 同意が有効にされた後，これに基づいて妻が懐胎した場合には，同意を与えた夫はこれを撤回することができないこと。

(d) 生殖医療技術の実施に関し夫婦間に同意がある場合には，

　　親子関係の不存在その他反対の事実の主張は，これをすることができないこと。

　(e)　生殖医療技術の受療者が事実婚である場合には，男性は認知する義務があること。

⑥　禁止に違反して代理母・貸し腹が実施された場合，それによる母子関係については，子を分娩した者は，その子の母となることとする。

⑦　冷凍保存された配偶子及び胚の使用は，提供者の婚姻期間中を超えてはならないこと。

等である。

次に石井美智子教授の見解である（「人工生殖の法律学」93頁以下）。

もっとも，これは同教授も断っておられるとおり確定的なものではなく議論の素材として提供するものとされていることを念のために付記しておきたい。

同教授は医師による自主規制がされることを前提として法規制を最低限にとどめるものとし，規制は，人には子を持つ権利があるという考えを基礎とするが，生まれてくる子の福祉を最優先するとされる。

(1)　人工生殖による子の親子関係

　①　母……子を出産した者をその子の母とする（卵，胚の提供を受けて出産した場合も同様である）。

　②　父……妻が夫の同意を得て，提供精子による人工生殖を受けて出産したときは，その子の父は，人工生殖に同意した夫とする。

③　精子，卵，胚の提供者は父母とはならない。

④　人工生殖による代理出産を依頼した夫婦は，依頼により生まれた子を特別養子とすることができる。

⑤　提供配偶子，提供胚により生まれた子は，成人後，提供者についてその個人の特定に結びつかない情報の開示を家庭裁判所に申し立てることができる。

(2)　人工生殖の法的規制

①　定義……人工生殖とは，人工授精，体外受精，胚移植等の医療技術によって，受精，懐胎を導くことをいう。

②　実施者……医師のみが行うことができる。

③　披術者……婚姻中の夫婦のみが人工生殖を受けることができる。施術のつど夫婦それぞれの書面の同意を要する。

④　胚の処分……胚の処分は配偶子の由来する両者の合意によって決定するものとし，合意なき場合は，廃棄される。保存期間は5年とし，配偶子の由来する両者の合意によって更新できる。

⑤　配偶子，胚の提供……配偶子，胚の提供を受けなければ，妊娠できない，または，生まれる子が重大な遺伝性の障害を負うことが明らかな夫婦のみが，提供配偶子，提供胚による人工生殖を受けることができる。

　　配偶子，胚の提供は無償とする。提供者は匿名とする。ただし，兄弟姉妹に限って特定の提供を認める。提供には，提供者本人と提供者の配偶者の同意を要する。

　　同一人の配偶子，胚は，10回以上提供配偶子，提供胚による人工生殖に用いてはならない。

⑥　人工生殖規制法に違反して人工生殖を行った者は懲役また
は罰金刑に処す。

(3)　代理出産の法規制

代理出産を広告した者は罰金刑に処す。営利の目的で代理出産
を斡旋した者は懲役および罰金刑に処す。

最後に深谷松男教授の見解である（「家族〈社会と法〉」1999年
141頁以下）。

①　人工生殖のうち，夫婦間に行われる人工生殖はほぼ認められ
るとして，それ以外では，最大限，夫婦の一方の配偶子と他人
のそれとの結合により，かつ妻が出産する類型の人工生殖に限
るべきであろう。もちろん，医学的な安全性の確認されたもの
に限ることは言うまでもない。

事実婚の夫婦間の人工生殖については，立法技術の面の検討
を要するので留保しておく。

人工生殖による出生子の母は，どの形態の場合も，出産する
女性つまり妻とする。卵の母ではなくて分娩の母を法的な母と
することである。

出生子の法的な母である女性の夫が出生子の生物学的な父で
ない場合には，これを特別立法により出生子の法的な父とし，
その法的父子関係は特別養子縁組類似の特殊な養親子関係とす
る方向で検討するのが妥当と考える。

精子又は卵子のドナーは，出生子について親子間に認められ
る権利義務を一切有しないものとするべきである。

②　問題は，現在行われている医師に提出する同意書と医師の作
成するカルテ及び出生届だけで上記の家族法上の効力を発生さ

せてよいかである。人工生殖の現状では，医師が人工生殖を行うだけでなく，社会的親子関係を創設する役割の重要な一部を果たしている。法的親子関係発生の問題であるので，この現状は放置されるべきものではなく，何らかの公的機関が関与し，かつ，その記録保存をすることが必要ではないか。概略以下のように指摘される。

　ドナーによる人工生殖をする場合，その夫婦は医師の診断書を添えて，家庭裁判所に届け出るものとする。

　家庭裁判所は，ドナーによる人工生殖以外に医学的に子を得る可能性のないこと及び当事者夫婦の人工生殖の意思（合意）を確認し，その上で許可の審判をする。この審判により，子の出生と同時に上記の法的効果が発生するものとすること。

　家庭裁判所は秘密の保持と公的記録の保存とを図り，法の定める適齢に達した出生子から請求があれば，ドナー及び医師の氏名その他一定の事項を開示すること。

以上代表的な見解を挙げたが，その内容についてのコメントは後に専門委員会の報告を検討する際に一括して検討することにしたい。

⑨　先進諸国における生殖補助医療（人工生殖）技術への対応の概要

　生殖補助医療（人工生殖）をめぐる法的な対応として先進国ではどのような対応がなされているかを素描しておきたい。この問題については，「先進諸国における生殖技術への対応―ヨーロッパとアメリカ，日本の比較研究―」米本昌平ほか・ジュリスト1056号130頁以下が詳しい。同様に石井美智子「人工生殖の法律学」（1994年）

53頁以下及び日本弁護士連合会の「生殖医療技術の利用に対する法
的規制に関する提言」（2000年3月）にも要領よくまとめられてい
るので詳しくはこれらを参照されたい。

　ここではこうした文献に拠り，概略的な紹介をすることとしたい。

　ただ一言すべきは前記の文献等で指摘されていることであるが，
各国どのような内容の法的規制をしているかという内容もさること
ながら，どのようにしてそのような結論を得たのかその政策決定過
程とその基盤となる法制度あるいは政治制度の社会的機能の違いに
まで視野を拡大する必要があるとしている点に留意されるべきであ
ろう。特に生殖技術に関わる政策形成は，生命，家族，親子といっ
た各社会の基本的な価値観に踏み込む内容になるだけに，それぞれ
の国が社会的合意としてどのような原則と制度的手続きを根拠とし
たのかが重要になるとしている。この点は，今後わが国でのこの問
題のありようを考えるときにも格別に留意されるべき論点であろう
と思われる。

(1)　イギリス

　イギリスでは1982年に政府が設置した「ヒトの受精と胚研究に
関する調査委員会」が設けられ，1984年に詳細な勧告を含む報告
書が出された（いわゆるワーノック報告）。政府はさらに研究を
進め1986年にコンサルテーション・ペーパー（社会的合意を得ら
れたと考えられるものと，まだ合意がなくさらに検討すべきもの
とに整理した文書）を出した。そして1990年に「ヒトの受精と胚
研究に関する法律」が成立した。1991年には「ヒトの受精と胚研
究に関する認可機関」を設けて，同庁を通じて人工生殖をコント
ロールするようにしている。1990年法の内容の概要は以下のとお

りである。

① 提供者による精子・卵子及び胚の提供の可否並びに条件

精子・卵子の提供及び胚の提供のいずれも認められている。ただし，無償・匿名が原則であり，商業的なものは禁止されている。精子・卵子を提供できるのは，提供者が第三者であるときは，女性は18歳以上35歳以下，男性は18歳以上40歳以下である。配偶者間の提供であれば年齢制限はないとされている。兄弟姉妹からの精子・卵子の提供も可能である。

② 生殖技術を受けられる主体

婚姻している男女だけでなく実質上男女のカップルはもちろん独身者も利用は可能とされている。しかし，実質的には男女のカップルが大部分であるとされている。

③ 親子関係

親は法律で，母＝分娩した女性，父＝人工生殖に同意した男性とされ，代理母（サロゲート・マザー）による出産の場合には，裁判所が「親決定」をするものとされている。例えば，妻でない女性が分娩した場合で妻の卵子または夫の精子のいずれかないし両方が使用されているようなケースでは一定の要件を満たす場合にはその妻及び夫を両親とする決定を下すことができるとされている。

なお，子どもの出自を知る権利は結婚予定者との血縁関係の有無などに限定されているようである。

(2) ドイツ

ドイツのこの問題に対する政策選択の根拠になっている原則は，近代国家の基本課題である生命保護の法的表現である「人間の尊

厳」（ドイツ基本法第1条）と子どもの養育に関する国家共同体の監視義務（同第6条）であるとされている。

1985年以来，連邦医師会によるガイドラインが生殖技術や研究の実施に厳しい枠をはめてきた。1989年「養子斡旋および代理母斡旋禁止に関する法律」が，1990年に「胚保護法」が成立している。そして生殖技術の施術に関する詳細は医師会のガイドラインによる規制によっているが，ドイツの医師会は強制加入団体であるため，ガイドラインは極めて強い力を持つといわれている。

① 養子斡旋および代理母斡旋禁止に関する法律

ここでは，いわゆる人工授精型代理母も体外受精型代理母も禁止されている。代理母斡旋も同様であり，代理母に関する広告も禁止され，違反には罰則が科せられる。

② 胚保護法

この法律では，一定の生殖医療技術の利用を広範に禁止し，違反者に刑罰を科すこととしている。以下のような行為が挙げられている。

(a) 他人の卵子を女性に移植すること，1回の月経周期内に三つを超える胚を女性に移植すること，代理母に人工授精を行うことなど。

(b) 人の胚の売却，胚の維持に役立たない目的の譲渡，利用など，及び妊娠をもたらす以外の目的で人の胚を体外で発育する行為など。

(c) 性染色体により精子細胞を選別して卵細胞に受精させ，性選択をすること。

(d) 同意なき受精及び胚移植，並びに死後の人工的受精。等

である。

③ 「人の不妊治療としてのIVFおよび胚移植実施に関するガイドライン」（1991年改正）

(a) いわゆる生殖補助医療（精子または卵子の卵管移入，体外受精による胚移植，細胞室内への精子注入）は，ほかの治療方法が効果がなかったかあるいは見込みがない場合に不妊治療としてなされる。

(b) 生殖補助医療の実施は，原則として婚姻関係にある夫婦間のみにおいて認められる。

(c) 事実婚のカップルへの実施は医師会の委員会による事前の審議を経なければならない。

(d) 独身女性及び同性関係に実施することはできない。

(e) 非配偶者間人工授精（AID）は，医師会の委員会の同意を要する。

(f) 借り腹（ホストマザー）及び代理母（サロゲート・マザー）は認められない。

(g) 多胎による危険を避けるため，移植される胚は原則として３個を限度とし，女性が35歳以下の場合には２個とすべきである。

なお，AID出生子に関する裁判例として1983年，連邦裁判所は，夫がAIDに同意した場合でも，それによって生まれた子どもに対する嫡出否認権のあることを認める判決を出したとされている。また，1989年，連邦憲法裁判所は，基本法の人権規定により，AIDの子にも嫡出否認権と精子提供者に対する扶養及び相続請求権が認められるべきであるとする判決をしたとされている。実際

にはAIDが行われるケースが少なくなっているといわれるのはこうしたことも一つの背景にあるのかも知れない。いずれにしてもAID出生子の法的地位をめぐってはドイツにおいても一定の方向にあるわけではないということであろうか。

⑶　フランス

　フランスでは1988年に政府が命じた政策報告書が出され，これを基に1989年に最初の法律草案が作られ，1991年の政府報告書で再検討されたのち1992年3月に生殖技術だけでなく人の臓器，組織，遺伝子に関わる医学技術全般を規制する3つの法案が議会に提出され1994年6月に最終案である「生命倫理法」を可決，同年7月に公布された。

　フランスの生殖技術規制の特色は包括的な倫理原則を体系化し，その根拠となっているのは，人体は人権の座として独自に尊重されるべきであり，人権は公序に関わることであるから，人体とその一部の扱いに関する限り個人の自由は制約を受けるという論理であるとされている。このような理念に基づいて成立した生命倫理法の中での生殖技術についての法規制はどのような内容になっているのであろうか。

①　規制の基本原則

　許容される生殖技術としては，非配偶者間人工授精（AID），精子および卵子の提供，余剰胚の譲渡であり，サロゲート・マザー（代理母），ホストマザー（借り腹）は無償であっても許されない。

②　法規制の内容

　⒜　第一に生殖技術を行う機関について許可制をとっている

こと。

(b) 生殖技術を受けることができる主体を，法律婚又は２年
以上の事実婚をしているカップルに限定し，独身女性や同
性愛カップルをはずしたこと。

(c) 精子の提供について，無償性，匿名性の原則をとり，ま
た精子提供者の条件として，既に子どもを持ったことのあ
るカップルの男性であることや年齢を限ったこと（現在は
55歳），また提供者の配偶者の書面による同意を要件とし
たこと。

(d) 子どもの側からの「出自を知る権利」を明確に否定し，
生まれた子は新しい家族との関係だけで育てられること。
精子・卵子の提供者と子どもとの間にはいかなる親子関係
も設定されないこと。

(e) 法的な意味での「母」は出産した女性であり，「父」に
ついては，提供者が介在する生殖技術を受けることに同意
した父親は，将来はあらゆる親子関係の争いの訴え又は身
分の訴えを禁止される。このように強力な効果を生む「同
意」であるから，第三者の提供による精子などを用いる場
合には，非訟裁判の形式で裁判官又は公証人がカップルの
同意を受ける必要があること。

なお，フランスではセコス（CECOS　精子の研究保存センタ
ー）と呼ばれる国立の機関が従来からAIDのための精子バンクと
しての機能を果たしてきたといわれ，前記生命倫理法の規定の実
施後においても厳しい基準に基づく精子提供，精子管理により，
AID実施に関する従前の不透明さが改善されたといわれている。

⑷　アメリカ

　アメリカでは先端生殖医療技術への連邦レベルでの対応は中絶の是非の論争とリンクして論議されていたこともあり，凍結状態に置かれているといわれている。そのため生殖補助医療（人工生殖）に関する法的規制は各州に委ねられているのが実態である。アメリカは自己決定権が極めて重視される国であり，公権力は研究者や個人の行為への介入を最小限にすべきであるという原則が社会的合意を得ているといわれている。したがって，問題が起こればその正当性の最終的判断権は裁判所に委ねられることになる。また，このような事情は生殖医療をめぐる商業主義が横行する結果をももたらすことになっているものと思われる。

　州レベルでは現在ケンタッキー，イリノイ，ルイジアナ等の各州で研究や商業目的で胚の創出，卵の売買などを禁止したり，ミシガン州やニューヨーク州では代理母斡旋業を禁止する法律を制定して対応しているとされている。

　親子法に関しては，1973年にAID出生子の父の確定のため，統一親子法が制定されている。現在ではかなりの州でこの法律が採択されて州法となっているようである。

　それによれば，夫の同意を得て医師の監督の下に第三者から精子の提供を受けて生まれた非配偶者間人工授精（AID）出生子は，夫婦間で生まれた子どもと同様に扱われることとされている。また，自分の妻以外の女性の人工授精に用いるために精子を提供した者は，法律上それによって懐胎された子の「父」ではないものとして扱われることになっている。

　他方，この問題をめぐる裁判例は夥しいものがあり著名な事件

はわが国でも数多く紹介されている。

10　「精子・卵子・胚の提供等による生殖補助医療の在り方についての報告書」（厚生科学審議会先端医療技術評価部会生殖補助医療技術に関する専門委員会）について

　本稿の冒頭でも述べたとおり，平成12年12月に厚生科学審議会の下に設置されていた「生殖補助医療技術に関する専門委員会」が2年余の審議検討の結果をまとめて報告書として公にした。この専門委員会が生殖補助医療の問題について検討を必要とした理由は，わが国においても既にみてきたように生殖補助医療が着実に普及している実態があるのに反して，これに関する法的規制がなく，わずかに日本産科婦人科学会による自主規制の下で行われてきたが，最近これを公然と破る会員が出てきたことによる危機感とこれまたAID出生子をめぐる裁判例が出てきたという事情に加えて，精子の売買や代理懐胎の斡旋等の商業主義的行為が増加の傾向にあるという実態が指摘されている。こうした状況は，生殖補助医療をめぐって提起される問題に適切に対応できないことを意味する。

　そのためには生殖補助医療の是非という問題をはじめその法的規制の在り方，生まれる子の法的地位とその法的位置付けなどについて法整備することが喫緊の課題となっている。しかし，それを実現するためには社会的合意の形成が前提条件となる。このような問題意識のもとに多方面の委員・専門家による検討が行われたものであろう。報告書はこれに基づくパブリックコメントを求めており国民の積極的意見表明を期待しているわけである。

　以下において，この報告書の内容を概括的に紹介した上で全体的

に若干の考察を加えてみたい。

　報告書は序論として専門委員会による検討を必要とした背景，検討の経緯について触れた後，委員会としての意見集約に当たっての基本的考え方を示している。これは報告書全体を貫くポリシーとして重要なものである。以下のように合意されたと述べられている。

　　　○　生まれてくる子の福祉を優先する。

　　　○　人を専ら生殖の手段として扱ってはならない。

　　　○　安全性に十分配慮する。

　　　○　優生思想を排除する。

　　　○　商業主義を排除する。

　　　○　人間の尊厳を守る。

　以下，本論部分について結論部分のみ順次紹介していきたい。

1　精子・卵子・胚の提供等による各生殖補助医療について

(1)　精子・卵子・胚の提供等による生殖補助医療を受ける条件について

　　　○　精子・卵子・胚の提供等による生殖補助医療を受けることができる人は，子を欲しながら不妊症のために子を持つことができない法律上の夫婦に限る。

　　　○　加齢により妊娠できない夫婦は対象とならない。

　　　○　自己の精子・卵子を得ることができる場合には，それぞれ精子・卵子の提供を受けることはできない。

(2)　各生殖補助医療の是非について

　　　人を専ら生殖の手段として扱い，また，第三者に多大なリスクを負わせ，さらには，生まれてくる子の福祉の観点からも望ましいものとは言えない代理懐胎については禁止し，その他の

精子・卵子・胚の提供等による生殖補助医療については，以下のような条件の下でこれを容認するべきとの結論に達した。

① AID（提供精子による人工授精）

　○ 精子の提供を受けなければ妊娠できない夫婦のみが，提供精子による人工授精を受けることができる。

② 提供精子による体外受精

　○ 女性に体外受精を受ける医学上の理由があり，かつ精子の提供を受けなければ妊娠できない夫婦に限って，提供精子による体外受精を受けることができる。

③ 提供卵子による体外受精

　○ 卵子の提供を受けなければ妊娠できない夫婦に限って，提供卵子による体外受精を受けることができる。

　※ 他の夫婦が自己の体外受精のために採取した卵子の一部の提供を当該卵子の採卵の周期に要した医療費等の経費の半分以下を負担して受け，当該卵子を用いて提供卵子による体外受精を受けることも認める。

④ 提供胚の移植

　○ 胚の提供を受けなければ妊娠できない夫婦が，提供された余剰胚の移植を受けることができる。

　○ ただし，卵子の提供を受けなければ妊娠できない夫婦も，卵子の提供を受けることが困難な場合には，提供された余剰胚の移植を受けることができる。

　○ また，胚の提供を受けなければ妊娠できない夫婦は，余剰胚の提供を受けることが困難な場合には，精子・卵子両方の提供によって得られた胚の移植を受けることができる。

⑤　代理懐胎（代理母・借り腹）

　　○　代理懐胎（代理母・借り腹）は禁止する。

(3)　**精子・卵子・胚を提供する条件等について**

①　精子・卵子・胚を提供する条件

　　○　精子を提供できる人は，満55歳未満の成人とする。

　　○　卵子を提供できる人は，既に子のいる成人に限り，満35歳未満とする。ただし，自己の体外受精のために採取した卵子の一部を提供する場合には，卵子を提供する人は既に子がいることを要さない。

　　○　同一の人からの卵子の提供は３回までとする。

②　精子・卵子・胚の提供に対する対価

　　○　精子・卵子・胚の提供に係る一切の金銭等の対価を供与すること及び受領することを禁止する。ただし，実費相当分については，この限りでない。

③　精子・卵子・胚の提供における匿名性の保持

　　○　精子・卵子・胚を提供する場合には匿名とする。

④　兄弟姉妹等からの精子・卵子・胚の提供

　　○　精子・卵子・胚の提供における匿名性の保持の特例として，精子・卵子・胚を提供する人が兄弟姉妹等以外に存在しない場合には，当該精子・卵子・胚を提供する人及び当該精子・卵子・胚の提供を受ける人に対して，十分な説明・カウンセリングが行われ，かつ，当該精子・卵子・胚の提供が生まれてくる子の福祉や当該精子・卵子・胚を提供する人に対する心理的な圧力の観点から問題がないこと及び金銭等の対価の供与が行われないことを条件として，

兄弟姉妹等からの精子・卵子・胚の提供を認めることとする。

○　兄弟姉妹等から提供された精子・卵子・胚による生殖補助医療を行う医療施設は，その実施内容，実施理由等を公的管理運営機関に申請し，当該生殖補助医療が上記の要件に則して行われるものであることの事前の審査を受けなければならない。

⑤　書面による同意

　㋐　提供された精子・卵子・胚による生殖補助医療を受ける夫婦の書面による同意

　　○　提供された精子・卵子・胚による生殖補助医療を行う医療施設は，当該生殖補助医療の実施の度ごとに，当該生殖補助医療の実施について，夫婦それぞれの書面による同意を得なければならない。当該同意は当該同意に係る生殖補助医療の実施前であれば撤回することができる。

　　○　提供された精子・卵子・胚による生殖補助医療を行う医療施設は，当該生殖補助医療を受けた人が妊娠していないことを確認できたときを除き，上記により得た当該妊娠していないことを確認できた人以外の人及びその夫の同意書を公的管理運営機関に提出しなければならない。

　㋑　精子・卵子・胚を提供する人及びその配偶者の書面による同意

　　○　提供された精子・卵子・胚による生殖補助医療のために精子・卵子・胚の提供を受ける医療施設（以下単に「精子・卵子・胚の提供を受ける医療施設」という）は，

当該精子・卵子・胚を提供する人及びその配偶者の当該
精子・卵子・胚の提供及び当該提供された精子・卵子・
胚の当該生殖補助医療への使用について，書面による同
意を得なければならない。当該同意は，当該精子・卵
子・胚が当該生殖補助医療に使用される前であれば撤回
することができる。

⑥　十分な説明の実施

(ア)　提供された精子・卵子・胚による生殖補助医療を受ける
夫婦に対する十分な説明の実施

○　提供された精子・卵子・胚による生殖補助医療を行う
医療施設は，当該生殖補助医療を受ける夫婦が，当該生
殖補助医療を受けることを同意する前に，当該夫婦に対
し，当該生殖補助医療に関する十分な説明を行わなけれ
ばならない。

(イ)　精子・卵子・胚を提供する人及びその配偶者に対する十
分な説明の実施

○　精子・卵子・胚の提供を受ける医療施設は，当該精
子・卵子・胚を提供する人及びその配偶者が，当該精
子・卵子・胚の提供に同意する前に，当該精子・卵子・
胚を提供する人及びその配偶者に対し，当該精子・卵
子・胚の提供に関する十分な説明を行わなければならな
い。

⑦　カウンセリングの機会の保障

○　提供された精子・卵子・胚による生殖補助医療を受ける
夫婦又は当該生殖補助医療のために精子・卵子・胚を提供

する人及びその配偶者は，当該生殖補助医療の実施又は当該精子・卵子・胚の提供に際して，当該生殖補助医療を行う医療施設又は当該精子・卵子・胚の提供を受ける医療施設以外の専門団体等による認定等を受けた当該生殖補助医療に関する専門知識を持つ人によるカウンセリングを受ける機会が与えられなければならない。

⑧ 精子・卵子・胚を提供する人の個人情報の保護

○ 提供された精子・卵子・胚による生殖補助医療のために精子・卵子・胚を提供する人は，当該精子・卵子・胚の提供により，正当な理由なく―略―「精子・卵子・胚を提供する人の個人情報の提出・保存」に基づき，精子・卵子・胚の提供を受ける医療施設に提出する個人情報以外の自己の個人情報の提出を求められない。

○ 提供された精子・卵子・胚による生殖補助医療のために精子・卵子・胚を提供した人に関する当該生殖補助医療に関して提出された個人情報を保有する医療施設又は公的管理運営機関は，当該保有する個人情報を適正に管理しなければならない。

⑨ 精子・卵子・胚を提供する人の個人情報の提出・保存

○ 精子・卵子・胚の提供を受ける医療施設は，当該精子・卵子・胚を提供する人に関する個人情報のうち，提供された精子・卵子・胚による生殖補助医療の実施に必要なもの及び当該精子・卵子・胚を提供する人が当該生殖補助医療により生まれた子に開示することを承認するものの提出を受けて，当該精子・卵子・胚の提供を受けなければならな

い。

○　精子・卵子・胚の提供を受けた医療施設は，上記により提出された個人情報を，当該精子・卵子・胚の廃棄若しくは移管，当該提供された精子・卵子・胚による生殖補助医療を受けた人が妊娠していないことの確認又は下記により公的管理運営機関への個人情報の提出を行うまでの間保存しなければならない。当該精子・卵子・胚を移管する場合には，その移管先の医療施設に対して，上記により提出された個人情報を併せて移管しなければならない。

精子・卵子・胚の提供を受けた医療施設から，当該精子・卵子・胚の移管を受けた医療施設も同様とする。

○　提供された精子・卵子・胚による生殖補助医療を受けた人が妊娠していないことを確認できたときを除き，当該生殖補助医療を行った医療施設は，上記により保存している個人情報のうち，当該精子・卵子・胚を提供した人が当該生殖補助医療により生まれた子に開示することを承認したものを公的管理運営機関に提出しなければならない。

○　公的管理運営機関は，上記により提出された個人情報を，提供された精子・卵子・胚による生殖補助医療により生まれた子の要請に応じて開示するために必要な一定の期間保存しなければならない。

⑩　同一人から提供された精子・卵子・胚の使用数の制限

○　同一の人から提供された精子・卵子・胚による生殖補助医療を受けた人が妊娠した子の数が10人に達した場合には，当該同一の人から提供された精子・卵子・胚を提供された

精子・卵子・胚による生殖補助医療に使用してはならない。

　　○　提供された精子・卵子・胚による生殖補助医療を行う医
　　　療施設は，上記の同一の人から提供された精子・卵子・胚
　　　の使用数の制限のために必要な当該生殖補助医療の実施の
　　　内容に関する情報を，公的管理運営機関に提出しなければ
　　　ならない。

　⑪　子宮に移植する胚の数の制限

　　○　体外受精・胚移植又は提供胚の移植に当たって，1回に
　　　子宮に移植する胚の数は，原則として2個，移植する胚や
　　　子宮の状況によっては，3個までとする。

2　規制方法及び条件整備について

(1)　規制方法

　　○　以下のものについては，罰則を伴う法律によって規制する。

　　＊営利目的での精子・卵子・胚の授受・授受の斡旋

　　＊代理懐胎のための施術・施術の斡旋

　　＊提供された精子・卵子・胚による生殖補助医療に関する職
　　　務上知り得た人の秘密を正当な理由なく漏洩すること

　　○　1の「精子・卵子・胚の提供等による各生殖補助医療につ
　　　いて」において述べた結論については，上記のものを除き，
　　　罰則を伴う法律によって規制せず，法律に基づく指針等規制
　　　の実効性を担保できる他の態様によって規制する。

(2)　条件整備

　①　親子関係の確定

　　○　以下の内容について，法律に明記する。

　　＊提供された卵子・胚による生殖補助医療により子を妊

　　　娠・出産した人を，その子の母とする。

　　＊妻が夫の同意を得て，その提供された精子・胚による生
　　　殖補助医療により妊娠・出産した子は，その夫の子とす
　　　る。

　　＊妻が提供された精子・胚による生殖補助医療により妊
　　　娠・出産した場合には，その夫の同意は推定される。

　　＊精子・卵子・胚を提供した人は，当該精子・卵子・胚の
　　　提供の事実をもって，当該提供された精子・卵子・胚に
　　　よる生殖補助医療により生まれた子の父母とはされない。

②　出自を知る権利

　　○　提供された精子・卵子・胚による生殖補助医療により生
　　まれた子は，成人後，その子に係る精子・卵子・胚を提供
　　した人に関する個人情報のうち，当該精子・卵子・胚を提
　　供した人を特定することができないものについて，当該精
　　子・卵子・胚を提供した人がその子に開示することを承認
　　した範囲内で知ることができる。

　　○　当該精子・卵子・胚を提供した人は，当該個人情報が開
　　示される前であれば，開示することを承認する自己の個人
　　情報の範囲を変更できる。

　　○　提供された精子・卵子・胚による生殖補助医療により生
　　まれた子は，上記に関わらず，自己が結婚を希望する人と
　　結婚した場合に近親婚とならないことの確認を求めること
　　ができる。

③　提供された精子・卵子・胚による生殖補助医療の実施に関
　わる体制の整備

○　各生殖補助医療の利用に関して，倫理的・法律的・技術
　　的側面から検討を行い，必要な提言を行う公的審議機関を
　　設ける。
　　○　提供された精子・卵子・胚による生殖補助医療の実施に
　　関する管理運営を行う公的管理運営機関を設ける。
　④　提供された精子・卵子・胚による生殖補助医療を行う医療
　　施設の指定
　　○　公的審議機関の意見を聴いて国が定める指定の基準に基
　　づき，提供された精子・卵子・胚による生殖補助医療を行
　　う医療施設として，国が指定した医療施設でなければ，当
　　該生殖補助医療を行うことはできない。

　以上が報告書の内容である。なお，公開された報告書ではここに
紹介した各項目ごとの結論部分について比較的詳しい関連説明が加
えられているので興味のある方はそれを参照されたい。

11　「専門委員会報告書」に対する若干の考察

　前記報告書は，本報告書における結論を実施するために必要な制
度の整備が遅くとも3年以内に行われることを求めている。しかし，
同報告書の中でも触れられているとおり本件報告書は，精子・卵
子・胚の提供等による生殖補助医療のあり方の基本的な枠組みにつ
いての検討結果を示したにとどまり，細部についてはさらなる検討
の必要性も指摘している。制度の整備のためには広範な議論の展開
が期待されているものと言えよう。そこで，以下においては各項目
について若干の感想を述べてみたい。

1　生殖補助医療（人工生殖）問題の在り方についての基本的視点

　わが国においては既にみてきたように，生殖補助医療（人工生殖）をめぐる対応については医療現場における技術的施術が先行し，その結果としてその技術を何らかの形で利用する人々が現在では284,800人が治療を受けており，また，日本産科婦人科学会によれば，平成元年から現在までに体外受精等により47,591人の子どもが出生しているとされている（報告書）。こうした既成事実は，専門委員会における検討の背景となったと同時に検討の幅を極めて制限する方向にも作用したのではないかと考えられる。

　生殖医療技術の問題に対する法的対応を考えるとき，「医療・法・倫理」が関連する多くの問題と同じように，①放任，②弊害発生の最低限の除去，③全面禁止，④一定の行為の積極的容認，等の様々な形態が考えられる（東海林邦彦教授代表・「生殖に関する医療的技術『生殖医療技術』の適正利用および濫用規制に関する勧告」ジュリスト1045号108頁）〈以下，「東海林グループ勧告」として引用する〉。「東海林グループ勧告」では，弊害発生の最低限の除去という抑制的態度が妥当とされているが，専門委員会の報告書はむしろ一定の行為の積極的容認（例えば，第三者提供の精子・卵子・受精卵の使用の認容等）の姿勢を示していると言えよう。そこには，既成事実に対する抗い難い雰囲気が委員会の中にあったのではないかとさえ推測できるように思われる。もちろん多くの子の出生という事実は重く，事柄は直接的に彼らの身分的地位の現在・将来に大きな影響を与えるものである以上，やむを得ない側面があることも認めなければならない。しかし，従来この分野において法規制がされていなかったという事実もまた考慮されるべき事柄であり，その視点からの「親子」「家族」「婚姻の本質」等の論点とリンクした検討

がされたのかどうかは，少なくとも「報告書」の記載からは明らかではない。この点は3年以内の立法という目標を実現する際には，是非，より緻密な議論がされることを期待したい。

　いずれにしても生殖補助医療（人工生殖）の可否，可とした場合の範囲，要件等については既成事実のどこまでを追認しどの部分を排除するかが中心的テーマであり，それを法レベルで明確にして技術の濫用を防止すると同時に親子法（家族法）上の子の位置付けをどうするかというその内容が問われているということであろう。

2　「意見集約に当たっての基本的考え方」について

　報告書の具体的結論の記述の前に，意見集約に当たっての委員会の基本的な考え方が示されている。その内容は前記のとおりであるが，これは重要な事柄である。従来ともすれば，この問題について子を欲する親の立場に軸足を置いた関係者の姿勢が一つの問題点として指摘されていた。いかにして「子」を得るかについての展望だけが喧伝され，生まれた「子」への配慮が欠けていたのは事実であろう。そのような意味で委員会が「子の福祉の優先」を挙げているのは正当であろう。「人」を生殖の手段として扱わない，とすることも自ずから規制の範囲の限定に連動する重要な視点である。安全性の配慮，優生思想の排除，商業主義の排除も正当な認識である。人間の尊厳を守るというイシューもむしろ最初に挙げられてよい視点ではないかとも思う。

　いずれにしても，問題はこうした「基本的考え方」が報告書の各項目ごとの結論部分及び結論に係る説明部分とどこまで整合性を保持しているかにある。慎重な検証が必要であろう。

3　精子・卵子・胚の提供等による各生殖補助医療について

(1)　生殖補助医療を受ける条件について

　報告書は，まず基本的条件として，生殖補助医療を受けられる対象を「子を欲しながら不妊症のために子を持つことができない人」に限定している。この見解は妥当であると思われる。「医療行為」としての限界でもあると考える。不必要な拡大を防止し，人を生殖の手段として扱わないという基本的考え方にも添うものであろう。

　加えて「法律上の夫婦」に限定もしている。この点は日本産科婦人科学会の「体外受精・胚移植」に関する見解も同様であることから，これと平仄を合わせたのかも知れない。問題は，いわゆる事実婚カップルへの拡大の是非である。委員会報告は，生まれてくる子の親の一方が最初から存在しないことや，法的地位が不安定であることなどを理由としている。近時自己のライフスタイルとして「事実婚」を選ぶカップルが増加していると伝えられていることを考慮すると，これらの人々を排除する必要はないという考え方も当然に成り立つであろう。しかし，事実婚であることの証明の困難さという法律婚とは決定的な公証方法の差異という問題もあり，加えて，特別養子縁組制度創設に際して養親の資格を法律婚カップルに限定したことも参考にされるべきであろう。「子」を得るという点では同様である。子の身分関係の登録についても難問が予想される。このように考えると，まずは「法律婚」に限定してスタートするということが当面の選択としては正当ではなかろうか。なお，前記「東海林グループ勧告」では事実婚（内縁婚）カップルについても利用を認めるとしている。日本弁護士連合会の提言も同様である。また，深谷教授は立法技術的側面からの検討を要するとして見解を留保されているが，条件付積極説ということであろうか。

なお，報告書は，加齢により妊娠できない夫婦も対象から外しているが，正当である。また，自己の精子・卵子を得ることができる場合も外されている。便宜的利用を防止する意味でも妥当であると思われる。

(2)　各生殖補助医療の是非について

①　AID（提供精子による人工授精）

　報告書は，精子の提供を受けなければ妊娠できない夫婦に限り，提供精子による人工授精を認めることとしている。これも前記日本産科婦人科学会の「非配偶者間人工授精と精子提供」に関する見解と同内容である。

　精子提供によるAIDについては，手術や麻酔などを伴わず，副作用もない極めて単純な技術であり，成功率も自然妊娠と同程度とかなり高いことが，不妊治療として広く受け容れられている背景となっている，と指摘されている。今日これを改めて是認することはそれほど抵抗があるとは思われない。その意味で妥当な結論といえよう。

②　提供精子による体外受精

　報告書は，この場合も「女性に体外受精を受ける医学上の理由があり，かつ精子の提供を受けなければ妊娠できない夫婦」に限定して容認することとしている。この「第三者から精子の提供を受ける非配偶者間体外受精」は，日本産科婦人科学会のガイドラインでは認めていないものである。体外受精をどの範囲まで容認するかという問題が基本にあるわけであるが，報告書は「基本的考え方」に照らして特段問題はないとして容認に踏み込んでいる。体外受精をあくまで自然の生殖に準ずるものと限定すれば否定さ

れることになろう。ただ，第三者介入については既にAIDによっ
て実績が重ねられており，そのバランス論から言えば肯定するこ
とも背理とは言えない。妻の身体的リスクという問題もあるが，
報告書は，そのリスクを負うのは提供精子による体外受精を希望
する当事者に限られ，そのリスクも医学的観点から禁止するほど
許容度を超えたものとは言えないとしている。極めてレアケース
であると思われるが，事柄が「精子」の提供という問題であるだ
けに是認されるべきであろうか。実施の可否が妻の身体的リスク
（医的侵襲）の認容にかかっているだけに，その意思決定が自由
になされうるという土壌が日本社会にあるとは言えない現実が判
断を難しくするのではなかろうか。

③　提供卵子による体外受精

　提供精子による場合と同様，提供卵子による体外受精について
も報告書は容認することとしている。同じく第三者の提供にかか
るという点では提供精子による体外受精と同様ではあるが，提供
卵子による体外受精は，報告書も認めているとおり，身体的リス
クを負う人が当事者ではなくて第三者であるという本質的差異を
持つものである。この差異は，単に精子・卵子を第三者提供とい
う共通項で括って結論を出せばよいという視点で論議する問題で
はないのではなかろうか。精子の提供者には身体的危険を伴うこ
とはないとするのが一般的である。しかし，卵子の提供の場合に
は排卵誘発剤の投与による副作用，体内からの採卵のためにかな
りの危険があると指摘されている。このことはそれ自体卵子提供
による体外受精を否定的に考える有力な論拠となし得るものであ
ると思われる。

しかし，報告書はそうした点を考慮しつつも第三者がボランティアとして卵子の提供を行う場合（対価の供与を受けることなく行われる場合）には，その第三者が身体的リスクを認識し，それを許容して行う場合にまで一律に禁止するのは適当ではないとして容認している。「安全性に十分配慮する」という基本的な考え方には抵触するが，他の基本的考え方に抵触しない範囲で認めるというわけである。

　しかし，この部分に関する限り，なぜ報告書が，一産婦人科医の「学会見解」を超えて行った姉妹間での卵子提供による体外受精を追認するような結果を認めたのか，理由が定かでないように思われる。ボランティア論は，一見反論の余地をなくしているように見えるが，それがボランティアとして行われるという担保はどこにあるのであろうか。後に触れる姉妹等からの提供をも容認したこととも関連して，問題点の一つであることを指摘しておきたい。

④　提供胚の移植

　報告書は提供胚の移植についても一定の条件の下に容認している。この結論は提供精子・卵子による体外受精を容認したことの延長線上のものであろう。余剰胚（他の夫婦が自己の胚移植のために得た胚であって，当該夫婦が使用しないことを決定したもの）に限定して，胚の提供を受けなければ妊娠できない夫婦が利用できるとしている。また，余剰胚の提供が十分に行われない事態もあるとして，余剰胚の提供を受けることが困難な場合に限り，例外的に「胚の提供を受けなければ妊娠できない夫婦」についても，胚の移植を受けることができるとしている。

　胚とは何かという難問には筆者の理解は及ばないが，同一の遺伝的要素を受け継いだ子が異なる親を持つという結果を認めることが，果たして親子法的視点からみて是認し得る範囲にあるのかどうか。親を分割する結果を招く生殖技術の導入には，より慎重な思考があってよいのではなかろうか。報告書はこの結論が基本的考え方に照らして特段の問題はないとしているが，少なくとも，子の福祉，生殖の手段性，人間の尊厳という観点からは問題があるのではないか。提供卵子の困難性（実効性）という問題を考慮すれば，それを補う手段としてこのような見解はそれなりに理解できるが，問題の基本は提供卵子による体外受精の是非に帰するように思われる。

⑤　代理懐胎（代理母・借り腹）

　代理懐胎（代理母・借り腹）は禁止するとしている。人工授精型代理母（サロゲート・マザー）であれ体外受精型代理母（ホストマザー）であれ，妊娠・出産を第三者に代わって行わせる点では共通しており，それは第三者の人体を生殖の道具として利用するものであるから，「生殖の手段性」と「安全性」という点で委員会の基本的考え方とは相容れないというのが主たる理由であるとしている。また，代理母をめぐるアメリカ等における深刻な争いの実例にも留意して「子の福祉」という観点からも望ましくないとしている。この点については前記「東海林グループ勧告」も禁止を主張している。女性に対する身体的侵襲の度合いの大きいことを理由としている。おそらくこのような結論は，少なくとも今日においては大方の賛意を得られる結論であろうと思われる。現在のわが国における倫理観からは生殖補助医療をここまで拡大

することには大きな抵抗感があるのではなかろうか。もっともこの点については，先に学会の規制を無視して非配偶者間体外受精を実施公表した医師は，「子宮摘出手術を受けた女性が妹の借り腹による出産を希望して私のもとへ相談に来た例がある。母体を貸す意思を固めた妹が『姉のために，何とかしてあげてほしい』と訴えるのを聞き，姉妹愛が感じられた。それを，『生殖の道具』と片付けてしまっていいのだろうか」（毎日新聞2000年12月28日付け）と反論している。個別のケースを考慮すれば，あるいは論者の指摘も理解できるか，問題は制度として国家がそれを容認することの可否にある。生殖補助医療全般の中での位置付けなり，国民の価値観，倫理観，法的問題点等多角的に論じられるべきものであろう。親子関係は出生を基点として長い歴史をけみするものである。子を得たいという目前の動機なり，強い想いが「子」の将来に幸せをもたらすものになるかどうかという長いスパンで検討する必要があるのではなかろうか。その意味では蛇足ではあるが，論者の指摘される「姉妹愛」がどのようにも変化し得る可能性を持っていることも留意しておくべきことであろう。

(3) 精子・卵子・胚を提供する条件等について

① 精子・卵子・胚を提供する条件

　報告書は精子を提供できる人は，満55歳未満の成人とし，卵子を提供できる人は，既に子のいる成人に限り，満35歳未満としている。ただし，自己の体外受精のために採取した卵子の一部を提供する場合には，卵子を提供する人に子がいることを要しないものとしている。そして，同一人からの卵子の提供は3回までとする，としている。

　精子・卵子の提供を認める場合でも，何らかの年齢要件を設けることは必要であろうし，報告書の見解はこの点に関するイギリス等の立法例も参考として設定されたものである。

② 　精子・卵子・胚の提供に対する対価

　一切の対価の供与と受領を禁止している。ただし，実費相当分についてはこの限りでない，とする。

　商業主義の排除という観点から当然の措置とする。日本弁護士連合会の提言もこの点を明言している。問題は，むしろいかにしてその実効性を担保するかであろう。その違反に対する厳しい刑罰規定が最低限必要であろうし，精子・卵子の斡旋行為等も規制する必要があろう。

③ 　精子・卵子・胚の提供における匿名性の保持

　精子・卵子・胚を提供する場合には匿名とする，とされている。提供者のプライバシーを守ることと，匿名性を保持しないと提供者を選別する余地を与える可能性もあり，ひいて提供者の減少を招きかねない等がその根拠として示されている。これは後に出てくる「子」の出自を知る権利の問題とも関連するが，ここでは専ら生殖補助医療を利用する側との関係で提供者のプライバシーを秘匿して提供の減少の防止を図ろうとするものである。管理と保管をどうするかという重要な手続的問題点の一つである。

④ 　兄弟姉妹等からの精子・卵子・胚の提供

　精子・卵子・胚の提供における匿名性の保持の特例として，精子・卵子・胚を提供する人が兄弟姉妹等以外に存在しない場合には，一定の条件のもとに兄弟姉妹等からの提供を容認するというものである。

この場合には，第三者提供の場合とは本質的に異なる固有の問題を含むことから，実施に際しては厳格な手続きを必要とするとしている。ここもより慎重な論議が求められている部分であると考える。確かに報告書の説明では厳格な公的管理運営機関でのスクリーニングを要件としており，あくまで特例的措置であると位置づけている。しかし，わが国の血縁意識ということを考慮すれば，むしろ兄弟姉妹以外からの提供はほとんど期待できず，こちらが原則化する可能性は十分に予測される。兄弟姉妹といえども移ろい易い人間であることに変わりはないし，人間関係を複雑なものにする危険性を孕んでいることは否定できない。加えてこの場合には，提供者の匿名性が維持されていないわけであるから，「子」にとって悲劇的な場面に遭遇する危険性もある。十分なカウンセリングというけれども，「今でも成功率や投薬など基本的な説明やカウンセリングも十分ではないのに，そんな状況で対応できるのか」という不妊カウンセラーの指摘は重い（朝日新聞2000年9月10日付け・浜崎京子氏コメント）。また，近辺の兄弟姉妹に対する心理的圧迫も当然予測されることである。

　さらに問題なのは「兄弟姉妹等」の範囲である。委員会での激論の末，その範囲は特に限定せず，公的管理運営機関の厳格な事前審査で事案ごとに決定することとした，とされている。融通無碍の結論のように筆者には見える。この部分についても，報告書の説明は事態を極めて楽観的にルールさえ定めればそのように事柄が運んでいくと捉えると同時に，医療現場に対する信頼感の上に成り立っているように思われる。門外漢である筆者にはその資格はないが，今少し法社会学的視点を容れて議論すべきではない

かという感想を持つものである。

⑤　書面による同意

　(ア)　提供された精子・卵子・胚による生殖補助医療を受ける夫婦の書面による同意

　　　これは手続的適正と生まれてくる子の法的地位の安定の確保等を期するためのもので格別問題はない。書面による意思確認とその保管についての規制が内容となっている。日本弁護士連合会の提言では，公正証書による作成を提案している。

　(イ)　精子・卵子・胚を提供する人及びその配偶者の書面による同意

　　　これは提供された精子・卵子・胚による生殖補助医療のための精子・卵子・胚の提供及び当該提供された精子・卵子・胚の当該生殖医療への使用は，当該精子・卵子・胚を提供する人及びその配偶者の明確な同意に基づいて行われるべきであり，また，同意の表示の方式は，明確かつ保存可能な方式である必要があるとしている。手続的適正と明確な意思確認とその保管という前記(ア)と基本的には同趣旨のものである。

⑥　十分な説明の実施

　(ア)　提供された精子・卵子・胚による生殖補助医療を受ける夫婦に対する十分な説明の実施

　　　提供された精子・卵子・胚による生殖補助医療は固有の多くの問題を含むものであることから，事前に当該補助医療を受ける夫婦に対して関係する事項について十分な説明を行わなければならないとする。報告書はカウンセリングの主たる内容になるものとして，当該生殖補助医療に係るリスクの可

能性，当該生殖補助医療の成功の可能性，当該生殖補助医療に要する費用，当該生殖補助医療により生まれてくる子の血液型など当該生殖補助医療を受ける夫婦に合わせることができない場合もあること，当該生殖補助医療により生まれてくる子の法的地位，当該生殖補助医療のために精子・卵子・胚を提供する人の匿名性，当該生殖補助医療により生まれた子は，公的管理運営機関への申請により，自己が当該生殖補助医療により生まれたことを知ることができることを含めた当該生殖補助医療により生まれてくる子の出自を知る権利などを例示している。

いかなる範囲の生殖補助医療の実施を認めるかという問題は別としても，カウンセリングが不可欠であることに異論はないものと思われる。

しかし，この点に関しては「東海林グループ勧告」が「自由な意思決定への援助」の必要性を説き，カウンセリングが一定の方向を持ったものであってはならないこと，カウンセラーの独立性を保つための制度的保障を説いているのは重要な指摘である。

(イ)　精子・卵子・胚を提供する人及びその配偶者に対する十分な説明の実施

これは前記(ア)と同じく提供する側に対するカウンセリングの必要性を説くものである。提供者側の身体的リスクや予期せぬ身体情報の暴露の可能性，提供者の個人情報の「生まれた子」に対する将来の開示可能性との関係，提供者が兄弟姉妹の場合の特別な人間関係の複雑さ，提供への心理的圧力，

　提供者の配偶者等に及ぼす影響等多くの理解と納得を必要と
する事項があるが，こうした点についての「悔いの残らな
い」結果をもたらすために十分な説明が必要であるとしてい
る。前記(ｱ)と同様に「東海林グループ勧告」の指摘が妥当す
る。

⑦　カウンセリングの機会の保障

　カウンセリングの重要性と必要性は多くの論者によって等しく
強調されているし，その実効性の確保が生殖補助医療（人工生
殖）の円滑な発展に不可欠であることは異論のないところであろ
う。報告書ではこの点に関し生殖補助医療を行う医療機関による
カウンセリングはもちろん，それ以外に当該生殖補助医療に関す
る専門的知識を持った人によるカウンセリングを受ける機会が与
えられる必要があるとしている。カウンセリングの中立性，独立
性がとりわけ重要であることを考慮すれば独立した制度として構
築される必要があろう。報告書もそのような構想を示している。
カウンセリングは生殖補助医療を受ける場合の必要的事前条件と
して位置づけるべきであろう。日本弁護士連合会の提言において
もカウンセリングの制度の確立と義務づけを求めている。

⑧　精子・卵子・胚を提供する人の個人情報の保護
⑨　精子・卵子・胚を提供する人の個人情報の提出・保存

　これらはいずれも提供する人に関する個人情報の保護に関する
ものであって提供者のプライバシーの保護，つまり当該提供者に
かかる情報の管理・保管の適正の維持を求めるものである。

⑩　同一の人から提供された精子・卵子・胚の使用数の制限

　これは同一の人から提供された精子・卵子・胚による生殖補助

医療により生まれる子の数が増えれば，近親のカップルが発生する可能性が高くなるという問題点があることから，これを極力制限する必要があるという問題意識に基づいている。他方，あまりにこれを制限すると生殖補助医療に使用できる精子等を減少させることにもなるとして，報告書はイギリスの例を参考として10人に達した場合を制限枠として設定している。

　フランスではセコス（CECOS）により同一提供者の精子によって生まれる子どもの数は最高5人と限定されている。わが国における人口構造の最近における特質を考えると10人というのはやや多すぎるのではなかろうか。なお，石井美智子教授は報告書と同様の見解である。

　なお，この点に関しては同一人が複数の医療施設において精子等の提供をする可能性もあることから，提供者に関する情報の一元的管理の必要性を指摘し制限の実効性の担保を図ることとしている。

⑪　子宮に移植する胚の数の制限

　体外受精・胚移植又は提供胚の移植に当たって，1回に子宮に移植する胚の数は，原則として2個，移植する胚や子宮の状況によっては，3個までとする，としている。ドイツの例とほぼ同様である。生殖補助医療技術は，その着床率の低さから，複数の受精卵を子宮に戻すことが通常化している。しかし，前記日本産科婦人科学会の「多胎妊娠」に関する見解も指摘しているとおり，多胎妊娠の中でも特に4胎以上の妊娠には母子の生命のリスクを高めるといった医学上の問題点があるとされている。同学会の調査成績によっても特に出生児の予後が有意に悪くなる4胎以上の

妊娠の発生は，移植胚数を３個以内に制限し，かつ，排卵誘発剤の使用量を減量することにより大部分予防し得ることを示している。報告書はこのような点を踏まえて前記のような数を設定したものと思われる。なお，「東海林グループ勧告」においても体外受精実施後に子宮に戻す受精卵の数は３個を超えてはならないことを定めるよう勧告している。日本弁護士連合会提言も同様の見解を示している。

4　規制方法及び条件整備について

(1)　規制方法

　生殖補助医療（人工生殖）をめぐる一連の規制をいかなる態様で行うかは，それぞれの規制の対象事項とその内容により必ずしも画一的でなければならない理由はない。そこで，報告書は，営利目的での精子・卵子・胚の授受・授受の斡旋，代理懐胎のための施術・施術の斡旋，提供された精子・卵子・胚による生殖補助医療に関する職務上知り得た人の秘密を正当な理由なく漏洩することに関しては，罰則を伴う法律によって規制するものとしている。委員会の基本的考え方に則したものとして結論付けられている。問題は罰則の内容をどのようなものにすべきかにある。他の法律とのバランス論にとらわれるあまり，実効性を欠くようなものになっては問題であろう。問題の本質は罰則により規制することにあるのではなく，禁止を無視して行われる行為の事前予防にあるのであるから相応の罰則にすべきではなかろうか。

(2)　条件整備

①　親子関係の確定

　報告書は以下のように結論づけている。

＊提供された卵子・胚による生殖補助医療により子を妊娠・出産した人を，その子の「母」とする。

＊妻が夫の同意を得て，提供された精子・胚による生殖補助医療により妊娠・出産した子は，その夫の子とする。

＊妻が提供された精子・胚による生殖補助医療により妊娠・出産した場合には，その夫の同意は推定される。

＊精子・卵子・胚を提供した人は，当該精子・卵子・胚の提供の事実をもって，当該提供された精子・卵子・胚による生殖補助医療により生まれた子の父母とはされない。

第三者が提供した卵子の体外受精で出生した子の母親は，卵子提供者か出産者か，あるいは，第三者が提供した精子で出生した子の父親は，精子提供者か出産者の夫か，が中心的論点である。体外受精により出生した子どもの法的地位のあいまいさをなくして，法的親子関係を明確にし，出生後における諸々のトラブルの発生を防止するために欠くことのできない条件整備である。

専門委員会がこのような結論を得た理由を報告書の記述に沿って述べてみよう。

生殖補助医療（人工生殖）により生まれた子について，現行民法の規定に即して検討すると以下のような問題がある。

つまり民法第772条第1項は，「妻が婚姻中に懐胎した子は，夫の子と推定する」と規定している。また，同法第774条（嫡出の否認），第775条（嫡出否認の訴え）及び第777条（嫡出否認権の出訴期間）は，夫は子が嫡出であることの否認を訴えによってのみ行うことができ，当該否認の訴えは子の出生を知った時から1年以内に提起できる旨規定している。

　これらの規定により，妻が提供された精子・胚による生殖補助医療により妊娠・出産したその夫の遺伝的要素を受け継いでいない子であっても，その夫がその子の出生を知った時から1年を経過すれば，妻がその子を懐胎すべき時期に，既に夫婦が事実上離婚をして夫婦の実態が失われていたことが明らかであるなどの特段の事情がある場合を除き，その夫は嫡出否認の訴えを提起することはできなくなり，その子とその夫との父子関係は法的に確定する。

　しかしながら，妻が提供された精子・胚による生殖補助医療により妊娠・出産した子については，その子がその夫の遺伝的要素を受け継いでいないため，その子の出生を知った時から1年以内に，その夫がその子の嫡出否認の訴えを提起することも考えられるところであるが，この場合には，たとえ妻が当該生殖補助医療により子を妊娠・出産することの同意をその夫から得ていたとしても，その夫が民法第776条による嫡出性の承認をしていない限り，その子の嫡出性が否認され，その子はその夫とは法律上の親子関係を有しないこととされる可能性がある。

　また，母についても，嫡出でない子の母子関係について「原則として，母の認知をまたず，分娩の事実により当然発生する」とする昭和37年4月27日の最高裁判決が存在しているが，この判決も子がその子を妊娠・出産した人の遺伝的要素を受け継いでいない場合について判示したものではなく，また，わが国においては，提供された卵子・胚による生殖補助医療により生まれた子とその子を妊娠・出産した人との法的関係の確定に関する明示の規定は存在しないことから，現行においては，提供された卵子・胚によ

る生殖補助医療により生まれた子のように，その子を妊娠・出産した人の遺伝的要素を受け継いでいない子についても，その子を妊娠・出産した人が当然にその子の母とされるとは限らない。

さらに，民法第779条は「嫡出でない子は，その父又は母がこれを認知することができる」と規定していることから，この規定に基づき，提供された精子・卵子・胚による生殖補助医療のために精子・卵子・胚を提供した人が，当該生殖補助医療により生まれた子に嫡出推定が及んでいない場合には，自らの遺伝的要素を受け継いでいる当該生殖補助医療により生まれた子を認知することも考えられるところであるが，わが国においては，精子・卵子・胚を提供した人と当該提供された精子・卵子・胚による生殖補助医療により生まれた子との法的関係に関する明示の規定は存在していないことから，こうした場合に精子・卵子・胚を提供した人の認知が認められる可能性がある。

以上のように，提供された精子・卵子・胚による生殖補助医療により生まれた子の親子関係の確定に関する法律の規定が十分に整備されていない現状においては，両者の同意の下で提供された精子・卵子・胚による生殖補助医療を受けた夫婦であっても，当該生殖補助医療により生まれた子の父母とされるとは限らず，逆に当該生殖補助医療のために精子・卵子・胚を提供した人がその意思に関わらず，当該生殖補助医療により生まれた子の父母とされることもあり得る。

こうした現状においては，提供された精子・卵子・胚による生殖補助医療により生まれた子の法的地位は不安定なものと言わざるを得ず，そうした問題を解決することなく，当該生殖補助医療

の利用の幅だけを拡げていくことは，子の福祉の観点から大きな
問題がある。

　以上が問題点の指摘である。加えて今回の報告書見解は生殖補
助医療の範囲をかなり拡大して承認する態度を示しているが，そ
れを容認するには前提として親子関係の確定等に関する法整備は
不可欠としているわけである。

　そこで報告書見解の示す親子関係確定の結論部分がなぜそのよ
うになるのかについて触れている。以下のように説いている。

　まず報告書の見解に基づく提供された精子・卵子・胚による生
殖補助医療は，子を欲しながら不妊症のために子を持つことがで
きない夫婦の希望に応えようとするものであり，そのことは，生
殖補助医療により生まれた子の親となる意思を持っているのは当
該子を欲した夫婦であり，精子等の提供者にはそれがないのが一
般的であるから，遺伝的要素の受け継ぎの有無だけで子の父母を
決するのは相当でなく，子の福祉の観点，提供者の意思の尊重と
いう観点からも妥当ではないこと，また，提供卵子・胚による生
殖補助医療を受ける夫婦の妻は，生まれた子との間に遺伝的な繋
がりこそ有するものではないが，10か月もの間自己の胎内で育て
ることにより，母性を育み，愛情を芽生えさせるものと考えられ
るので，こうした妊娠による母性の確立の過程は，子の福祉の観
点からも極めて重要であると位置づける必要があること，を挙げ
ている。

　かくして出産した人をその子の「母」とし，その妊娠・出産に
同意した夫をその子の「父」とし，精子・卵子・胚の提供者は提
供の事実をもってはその子の「父母」とはされないものとし，そ

れぞれを法律で明記すべきであるとしている。

　なお，妻が提供された精子・卵子・胚による生殖補助医療により子を妊娠・出産した場合には，子の福祉の観点から，夫の「同意」は推定されることとしている。

　「東海林グループ勧告」でも父子関係の確定については基本的にほぼ同様の見解を示している。日本弁護士連合会の提言でも同様の提言をしている。石井美智子教授の見解も基本的に同様である。

　親子関係確定の意味をどこにおくかという基本的な問題を無視しえないが，報告書の基本的考え方の冒頭に「生まれてくる子の福祉を優先する」という立場が明記されている以上，誰にその子の養育を委ねるのがその趣旨に最も沿うことになるのかがポイントといえよう。

②　出自を知る権利

　報告書によれば生殖補助医療により生まれた子は，成人後，精子・卵子・胚の提供者に関する個人情報のうち当該提供者を特定することができないものについて，提供者が開示を承認した範囲内で知ることができるものとしている。また当該開示情報は開示前であればその範囲を変更することができるものとしている。さらに生殖補助医療により生まれた子は，結婚に際して近親婚とならないことの確認を求めることができるものとしている。

　報告書がこのような結論を得た主たる根拠は子のアイデンティティの確立にあるようであるが，他方，提供者のプライバシーの保護という面にも留意していわばその調整点で得られたものと言えよう。

　しかし，考え方としてはそのような情報は開示すべきでないという立場を原則とするものもありうる。現にフランスでは出自を知る権利を否定している。逆にドイツでは認められているようであるし，イギリスでは限定的に認めていると言われている。情報開示説の中には子の出自を知る権利を児童の権利条約第7条を根拠にしているものもあるが，そこで言う「父母」とは，生物学的な父母，遺伝的父母を当然に含むものであるのかどうか疑問がないわけではない。フランスのように生まれた子は法律の規定により「親」とされた者との関係だけで育てられ，精子・卵子の提供者との間にはいかなる親子関係も設定されない以上，「出自を知る権利」を明確に否定するというシステムのほうがベターではなかろうか。近親婚の防止という側面での考慮，あるいは，医療上必要とされる場合の対応等は必要であるから，その限りで「子」と「遺伝上の父母」との繋がりを確認できるシステムを構築すればよいと思われる。

　もっとも，この点については「東海林グループ勧告」も日本弁護士連合会の提言も報告書と同様の結論を示している。

　しかし，報告書の説く開示許容情報の範囲は提供者を特定することができないものについて，しかも，提供者が承認した範囲内で知ることができるとしているが，このような開示で「出自を知る権利」を保障したことになるのであろうか。子のアイデンティティを知る権利の保障になるものであろうか。具体的にどんな情報を知ることができるのであろうか。筆者にはそのイメージすら浮かばない。ドイツでは提供者の名を明かすよう請求できるとされている。日本弁護士連合会の提言が提供者に関する本籍・住

所・氏名を含めて開示することとしているのは，その是非は別と
しても当然の指摘であるように思われる。

③　提供された精子・卵子・胚による生殖補助医療の実施に関わ
　　る体制の整備

④　提供された精子・卵子・胚による生殖補助医療を行う医療施
　　設の指定

　これらは生殖補助医療が医療の観点のみならず，倫理面，法制
面等からの検討も必要となることから，これらの観点からの総合
的な検討，提言を行う公的審議機関を設けることや，生殖補助医
療の実施は国の指定した施設でなければ実施できないこととして，
施術の実施等が適正かつ的確に行われることを担保しようとする
ものである。

12　終わりに

　以上「精子・卵子・胚の提供等による生殖補助医療のあり方につ
いての報告書」を中心にその問題の経緯と論点を極めて概括的に述
べてきたが，終わりに若干の感想を付加しておきたい。

　今回公表された報告書は，第三者からの精子・卵子・胚の使用を
認めるというかなり積極的な内容となっている。そのような結論が
得られたプロセスが不明なだけに不正確な見方かも知れないが，内
容を一見する限りかなり医療現場の意見が強く反映しているように
思われる。そして他方で法的整備にとってもかなり異論の予想され
る代理母，借り腹による生殖を禁止することにより，法整備の困難
性をより軽度のものにして乗り切ろうとする意図が感じられるので
ある。しかし，この報告書見解が日本社会の合意点と言えるかどう

かはさらなる議論が必要であろう。報告書からは汲み取ることができない視点がある。前にも触れたが，この問題をめぐる社会学的視点である。それと倫理的視点であろうか。生殖補助医療という言葉がいみじくも象徴しているように，この問題は不妊の原因を治癒させるものではないし，生命にかかわる緊急性もない。にもかかわらず「患者の求めがあるから」といって医療の枠組みだけでとらえていいものか（2000年9月10日付け朝日新聞・白井泰子氏）という指摘は正鵠を射ている。女性をめぐる社会的・文化的立場からの多様なアプローチが必要であると思われる。

　ちなみに筆者は夫婦間の人工生殖は別として，今日の段階で許容できる範囲は第三者提供の精子による法律婚カップルへの施術までが限界ではないかと考えている。卵子提供の場合にまで拡大すべきではないと思う。

　意見は多様である。その意味で厚生労働省が国民に対して意見を求めていることは好ましいことである。一人でも多くの国民が意思表明することが期待される。

　本年2月16日，法務大臣は法制審議会に対して体外受精による子の出生に基づく親子関係の明示のための民法改正を諮問したと伝えられている。早ければ来年の通常国会への改正案の提出を目ざすとされている。その前提として，どこまでの生殖補助医療（人工生殖）を認めるのかが確定される必要があろう。例えば，仮に夫婦のどちらとも遺伝的・生物学的には無縁な受精卵の提供を受けて子をもうける方法が認められるとしたならば，事柄は単に分娩した妻が「母」であり，同意した夫が「父」であるとするだけでは問題は終わらない。どのような意味での「親子関係」なのかが問われること

になる。実親子関係なのか養親子関係なのか，仮に実親子関係だと位置付けると，現行の特別養子制度との整合性が問われるであろうし，いわゆる「藁の上からの養子」との関係も見直す必要があるかも知れない。議論の展開を注目したい。

　　戸籍誌714号（平成13年 3 月）・同715号（平成13年 4 月）所収

**生殖補助医療問題等覚書─法制化への
願いを込めて─**

---

① はじめに

　令和３年（2021年）７月15日，私は極めて衝撃的な新聞報道に接
することになった。当日の朝日新聞朝刊に「子宮移植，容認を決定
─日本医学会　慶大，臨床研究へ準備」と題する記事である。日本
医学会の検討委員会は，14日，妊娠・出産を希望する子宮がない女
性に対し，子宮移植を認める報告書をまとめた，というものである。
生殖補助医療技術は日進月歩と言われているが，まさか子宮の移植
までが現実味を帯びるとは驚きであった。

　国内で子宮がない女性は，子宮筋腫やがんで子宮を摘出した人も
含め，20～40代だけで推計約６万～７万人。ロキタンスキー症候群
（生まれつき子宮のない人）の女性は卵子をつくる卵巣はあるが子
宮や膣がなく，4,500人に１人ほどの割合で生まれてくる，という。

　子宮移植は，子宮を移植して体外受精させた受精卵を入れる。移
植後の拒絶反応を抑える免疫抑制剤が必要になるため，出産が終わ
れば子宮を摘出するというものである。子宮がない人が子どもをも
つには，これまでは養子縁組か代理出産が選択肢だったが子宮移殖
は「第三の選択肢」とされている。海外では，2000年代から試みら
れ，スウェーデンや米国で計40例の出産が報告されているが，まだ
実験的な段階であるとされている。我が国における子宮移植がどの
ような進展を見せ，いかなる成果を挙げるかは今後の問題ではある。

　いずれにしても子宮移植がいわゆる生殖補助医療の範疇にはいる

かどうか，もちろん素人の私にはわからない。しかし，それが，子
を授かる一手段として捉えられていることは間違いないであろう。
生殖補助医療問題に提起された新たな問題としてこれからの動きに
注目していきたい。同時にこうした問題を見るにつけ，やはり国は
国としてどう対応するか，すべきか，について真剣に考えるべき問
題であることを銘記すべきであると思われる。

　さて，生殖補助医療に関する問題は，認められるべき生殖補助医
療の範囲の策定とその運用，それに基づき出生した子の法的親子関
係のルール定立の立法作業の両面で必要な法的措置が採られるべき
であるが，現状はその両面でその歩みを止めているのが実情である。

　唯一の例外は令和2年（2020年）12月4日に「生殖補助医療の提
供等及びこれにより出生した子の親子関係に関する民法の特例に関
する法律」が議員立法で成立し，同年同月11日法律第76号として公
布されたことであろう。これについては別項でもう少し詳しく触れ
るつもりであるが，率直に言ってこの立法にはそう大きな意義を認
めることは難しいと思われる。なによりも生殖補助医療法制化に向
けての基本的なグランドデザインを欠いた弥縫的内容だからである。
その意味では生殖補助医療の法制化に向けての大きな流れは実質的
には止まったままとみるのが正しいと思われる。

　私は平成13年（2001年）に「生殖補助医療（人工生殖）をめぐる
親子法的課題覚書(1)(2)」と題する論説を「戸籍」誌に書いたことが
ある。あれからでももう20年が経過している。

　この問題はそんなに悠長に扱ってよい問題とは思われないし，む
しろ，関係者からすれば，早急に結論を出して法的な整備を図って
欲しいと大きな期待をしていたはずである。それにもかかわらず，

社会的議論も法的整備の検討も頓挫しているように見える現状は逆に「かくれ生殖補助医療」の利用が拡大したり，海外へ渡って規制の比較的緩い外国での生殖補助医療を利用しようとする人々を増加させることになっているのではなかろうか。限りなく事実が先行し，法的フォローがそれに追いつけないのは関係者にとっても不幸なことではなかろうか。

　長い間このような状況が続いていると，国民一般のこの問題に関する関心と問題意識は当然に薄らいでいく。生殖補助医療を利用・活用したいと願う人は多分国民全体から見ればマイノリティーに属する人々であろう。この国はそうした人々に対する理解と支援という側面からは意外と淡泊な人が多いように思われる。

　改めて生殖補助医療の問題を巡って世間の関心と理解を掘り起こそうというようなだいそれた気持ちはもちろんないが，この時期にあえてこの問題の問題点とか従来の関係省庁なり日本学術会議における検討の成果とかあるいは生殖補助医療から出生した子の法的地位をめぐる裁判例などにも触れながら，この問題に関心のある人々の裾野を拡げて社会的議論の高まりを呼ぶ契機の一助にでもなればというのが本稿執筆の動機である。

　どこまでその目的に叶ったものが書けるかはわからない。しかし，この問題に関して多くの学者・実務家等の方々の遺しておられる確かな業績等に負いながら私なりに努力してみたいと念じている。

② 生殖補助医療とは何か

　「生殖補助医療」とは，生殖を補助することを目的として行われる医療をいい，具体的には，人工授精，体外受精，顕微授精，代理

懐胎等をいう。以下順次簡単に説明してみよう。

　第一は，**人工授精**である。生殖補助医療の最も代表的なものといえよう。人工授精は，性交によっては生殖の目的を達することができない夫婦が自分たちの子を持つ手段として開発された方法である。男性側に不妊の原因がある場合に，精子を性交によらずに妻の子宮に注入し授精，妊娠する方法である。これには二つの種類がある。一つは，配偶者間人工授精（Artificial Insemination by Husband, AIH）と呼ばれているものである。これは夫の精子を用いるものであるが，精子過小症などには治療効果はあるものの，無精子症の場合には治療効果は期待できない。そこで登場するのが，二つめの非配偶者間人工授精（Artificial Insemination by Donor, AID）である。文字どおり夫以外の第三者の精子を妻の子宮に注入する方法である。この人工授精は，古くからおこなわれており，我が国で昭和24年（1949年）には既にAIDによる第1号子が生まれている。

　第二は，体外受精である。体外受精（In Vitro Fertilization, IVF）は，女性側の原因による不妊，それも卵管通過障害に対する不妊治療として登場したものである。具体的には，卵巣から卵を採取し，試験管の中で精子と結合させて受精させ，培養して4ないし8個に分裂するのを確認して受精卵を子宮に移植する方法であるとされている。1978年（昭和53年）に世界初の体外受精子がイギリスで誕生した。

　さて，我が国において体外受精で生まれた子について，最近の報道によれば，国内初の体外受精児が誕生した昭和58年（1983年）以降，この技術で生まれた子どもは71万931人で，70万人を突破したという。平成30年（2018年）に体外受精で生まれた子は，5万

6,979人であり，令和元年（2019年）は6万598人であり，過去最多を更新したことが，日本産科婦人科学会のまとめでわかったという。これは，生まれてきた子の14人に1人が体外受精で誕生したことになる。この上昇傾向はここ数年確実に継続しているようである（読売新聞オンライン・2021・9・14）。

　第三は，代理懐胎である。これにも二つの種類がある。一つは，女性側に不妊の原因がある場合（例えば，卵巣や子宮などがなくて子どもを産めない時）に，夫の精子を妻以外の女性に人工授精して産んでもらう方法であり，これを人工授精型代理母という。サロゲート・マザーと呼ばれているものである。今一つは，妻が卵を生産することはできるが子宮等がなく出産できないときなどに，妻の卵子と夫の精子を体外で受精させて，別の女性の子宮に移植して出産してもらう方法である。これを体外受精型代理母という。いわゆる借り腹ということからホスト・マザーとも呼ばれているものである。

　以上は典型的な形での種類わけであるが，現実に行われている生殖補助医療はより多様である。卵子を体外に取り出して受精させることが可能となったことから，精子，卵子，胚及び懐胎を自由に組み合わせて多様な生殖をおこなうことが可能となっている。同時に，精子提供，卵子提供，胚提供，代理母，代理出産等の第三者が関わる生殖が行われるようになっているのが現実である。

　これまで，我が国においては，生殖補助医療について法律による包括的な規制等はなされておらず，日本産科婦人科学会を中心とした医師の自主規制の下で，人工授精や夫婦の精子・卵子を用いた体外受精等が限定的に行われてきたがそこではいくつかの法的問題も生み出されているのが現実である。次の項目で生殖補助医療がもた

らす問題点とはどのようなものかについて基本的なところを考えて
みよう。

③ 生殖補助医療の問題点

　既に述べたように，生殖補助医療技術をめぐる実態は極めて大き
な既成事実を重ねて今日に至っている。しかし，生殖補助医療技術
に関する規制は「見解」と称する日本産科婦人科学会によるガイド
ラインがあるだけで，しかもその内容の遵守を担保する制度はない。
加えて，明示的な法的対応もなされないまま今日に至っている。唯
一の例外的事象は，冒頭でも触れたが令和2年12月4日に，第203
国会において議員立法により「生殖補助医療の提供等及びこれによ
り出生した子の親子関係に関する民法の特例に関する法律」（令和
2年法律第76号）があるが，これは生殖補助医療の問題点のごく一
部について規定したに過ぎないもので問題の根本的・全般的な視点
の欠けたものであまり大きな意義を認めることは難しいと考えてい
る。いずれ別項でもう少し詳しく触れたいと考えている。いずれに
しても，現実には，多くは，子の出生という事実を受けて，実際は
子をもうけた夫婦の子として戸籍上の処理がなされているものと思
われるが，それは決して法的問題をクリアしていることを意味する
ものではないというべきである。

　いずれにしても，どのような内容の法的整備が望ましいかを考え
るには，先ず現状において提起されている問題点を整理しておくこ
とが必要であろう。それを簡単に見ていこう。まず**人工授精子**であ
る。そのうち**配偶者間人工授精（AIH）**であるが，このケースは
夫婦間の生殖に変わりはないので，生まれてくる子どもは遺伝的に

も夫婦間の子であり，倫理的にも，法律的にも格別の問題は生じないと言えよう。しかし，これが生殖補助医療の一手段であることには変わりはない。夫婦間の生殖であることを理由にこの場合は法的規制の対象にはならないと解するのは誤っていると言わねばならない。生殖補助医療技術の進展はこの分野においても新たな問題を提起しているからである。例えば，精子の冷凍保存が可能となったために夫の死亡後に生前採取して保存していた精子による人工授精を妻が希望し，あるいは，脳死状態や植物状態の夫の精子を採取して人工授精させることを希望した例がアメリカなどで起きており，現に我が国でも同様の事案が現れてもいるのである。これらもそのような生殖補助医療が許されるのかという倫理上の問題とともに法的親子関係の成否についても重大な問題提起となろう。現に裁判で関連したケースが問題となって論議を呼んでいるのである。裁判例の紹介のところでもう少し詳しく触れるつもりである。

　他方，**非配偶者間人工授精（AID）**の場合にはさらなる問題を包含する。当然のことながら，この場合は夫以外の男性の精子を使用するわけであるから，それによって生まれた子どもは生物学的・遺伝的には明らかに夫の子とはいえない。つまり，ここでは「父」は誰かが主たる問題となる。母とは血縁関係が存在しているからその限りで問題は生じない。そこで，「父」問題は現在どう考えられているのか。このような事態は明治期に制定された民法は想定してはいない。そこで現実の処理としては現行法の規定の解釈によらねばならない。現在ではこのような生殖補助医療行為が夫婦の合意の下になされたのであれば当該子どもに「嫡出性」を与えるのが通説的見解といえよう。しかし，このように常に夫婦の合意の下に事が進

むとは限らない。そのような場合にはどう考えるか。「嫡出性」を否定していつでも法的父子関係を否定できるというのでは「子」の地位は不安定そのものであり問題が残るのではないか。かと言って精子提供者に対して認知請求が可能となるというのも問題であろう。生殖補助医療によって生まれた子の問題を考えるときは，常に「子の福祉を最優先する」と言われるがそうした理念をどう活かすかが論点であろう。やはり，この場合，夫婦の合意の下になされた生殖補助医療により生まれた子が「嫡出性」を取得する理論的根拠をもう少し検討する必要がありそうに思うがどうであろうか。自然的親子関係の成立については「血縁」がことさらに強調される一方で，明らかに血縁関係，遺伝的関係のない者を夫婦の関係にあることのみを理由として「父」と規定するのは安直に過ぎるようにも思われる。しかし，筆者に何かアイデアがあるわけでもない。要するにもう少し理論的根拠の議論の余地があるのではないかということである。

　次は**体外受精**である。これは卵子の提供者，精子の提供者との関係でいくつかの形態がある。通常次の４つに分類することができよう。①妻の卵子と夫の精子を体外で受精させ，妻の子宮に戻すケース，②妻の卵子と夫以外の第三者の精子を体外で受精させ，妻の子宮に戻すケース，③妻以外の第三者の卵子と夫の精子を体外受精させ，妻の子宮に戻すケース，④妻以外の第三者の卵子と夫以外の第三者の精子を体外で受精させ，妻の子宮に移植するケースが考えられる。

　このうち，①は前記の人工授精におけるAIHの場合と同じように，生まれる子どもは遺伝的にも夫婦間の子であるから，倫理的にも法

律的にも理論的には格別の問題は生じない。しかし，②③④の場合には法律上の「父」「母」は誰かという問題に直面する。

　つまり，②のケースでは「父」を考えるとき，少なくとも「夫」なのかあるいは「精子の提供者」なのかという問題がある。「母」に関しては特に問題はない。③のケースでは，②とは逆に「父」は「夫」であると解してよいか。「母」については「妻」（出産している）なのか，「卵子の提供者」なのかという問題がある。④のケースになると，「父」は「夫」なのか，「精子の提供者」なのか，「母」については，「妻」なのか「卵子の提供者」なのかという問題がある。

　我が国では，従来①のケースのみが実施されていたようであるが，その後③ケースが発生している。なお，この体外受精は人工授精とともに法律婚の関係にない事実上の婚姻関係にある夫婦あるいは未婚の女性等がこの方法によって子をもうけた場合にも複雑な問題を提起することも留意されるべきであろう。

　最後は，**代理母**である。まず人工授精型代理母の場合である。これは夫の精子を妻以外の女性に人工授精して子をもうける方法である。ここでは，「父」については「夫」であるとすることについて，生物学的・遺伝的にも格別の問題は生じないと思われるが，「母」については，代理出産した「女性」が母なのか，それとも「妻」なのかが問題たり得る。どちらと解するかによって子の法的地位は「嫡出でない子」「嫡出子」のいずれかにならざるを得ないが，仮に前者だとすれば，その子を当該夫婦の法律上の「子」とするためには養子縁組が必要となってこよう。

　もう一つの体外受精型代理母の場合はどうであろうか。妻の卵子

と夫の精子を体外受精させて，別の女性の子宮に移植する方法であるから，この方法により生まれた子は，代理母を依頼した夫婦と生物学的・遺伝的な繋がりをもっているからその限りでは夫婦を法的な「父母」と規定してもよさそうではある。しかし，分娩したのは代理母である。「父」についてはともかくとして，「母」については「妻」なのか「代理母」なのかが問題とはなり得る。これまたいずれと解するかにより「子」の法的地位に差異を生じ，人工授精型代理母と同様の問題が発生する可能性がある。そして，現実にこのような事案における親子関係の成否について争われた事案が発生している。内容については，生殖補助医療をめぐる裁判例を別項で取り上げるのでそこでもう少し具体的に紹介したいと考えている。

　以上に述べたのは極めて一般的な場合を前提に説明したものであるが，現実の生殖補助医療現場における事案は国内・国外を問わず多様かつ複雑なものが多い。生殖補助医療技術の進展はまさに日進月歩の歩みを続けている。我が国では72年前に初めて行われた，提供された精子を用いたAIDが，以来男性側に起因する不妊症に対する治療として，十分な社会的議論のないままに続けられてきた（規制すべき法律等もない状態で医療現場が独走したのであろうか）。そして，その後のさらなる技術の進展に伴い，昭和58年（1983年）には体外受精により，平成4年（1992年）には顕微授精により，それぞれ我が国初の子が誕生してからは，これらが不妊治療の重要な手段として広く行われるようになった。

　他方，女性の不妊については，日本人夫婦が渡米し米国人女性に夫の精子を人工授精した代理懐胎や，米国人女性から卵子提供を受けた日本人夫婦が出産した例が報道された。国内の例としては，平

成13年（2001年）以降，妹，義姉，母親による代理懐胎が行われた
と報道されている。

　一方で，生殖補助医療の進歩は，親子関係をめぐってそれが法的
規制外の状態で行われていることから半ば必然的に法的親子関係の
成否等について深刻な問題を提起する場合もあり得る。これらの中
には訴訟になった例も何件かある。ここでは特に注目を集めた３件
を挙げておこう。具体的な内容については別項の裁判例の紹介のと
ころでもう少し詳しく触れたいと考えている。

①　夫の死後に凍結精子を用いた体外受精により生まれた子が親
　　子関係の定立を求めて提起した訴訟では，最高裁が平成14年に
　　嫡出親子関係を認めない判断をしており，平成18年には非嫡出
　　父子関係も認めない判断を下している（最高裁決定平成14年４
　　月24日判例集未登載，最高裁判決平成18年９月４日民集60巻７
　　号2563頁）。

②　夫の精子と提供卵子を用いて，卵子提供者とは異なる米国人
　　女性の子宮を借りた代理懐胎により出生した子の嫡出子出生届
　　が受理されなかったことに対する不服申立てについて，平成17
　　年に大阪高裁が依頼者と子の間に母子関係は認められないとの
　　決定（大阪高決平成17年５月20日判例時報1919号107頁）を下
　　し，最高裁もこれを是認している（最高裁決定平成17年11月24
　　日判例集未登載）。

③　夫婦の精子と卵子を用い，米国人女性の子宮を借りた代理懐
　　胎により出生した子の嫡出子出生届が受理されなかったことに
　　対する不服申立てについて，平成18年に東京高裁が依頼者を母
　　とする判断を示したが（東京高決平成18年９月29日判例時報

1957号20頁）最高裁は平成19年にこれを破棄し出産女性を母と
する決定を下している（最高裁決定平成19年3月23日民集61巻
2号619頁）。

生殖補助医療によって生まれた子の法的親子関係をめぐる判例

　本項では，生殖補助医療によって出生した子についてその法的地
位（親子関係）に関して訴訟で争われた事例のいくつかについて紹
介したい。それは生殖補助医療による子の出生が提起する問題点を
端的に示すとともに，生殖補助医療に関する立法化の迅速化に向け
ての1つの警鐘とも位置付けられるものと言えるからである。

●いわゆるAID子に関するもの
(1)　**東京高裁平成10年9月16日決定・親権者指定審判に対する即
時抗告事件（家庭裁判月報51巻3号165頁）**

　本件裁判例は親権者指定審判に対する即時抗告事件である。
AID子の父が問題となった最初の公表判例であるといわれている。
事実関係の概要は以下のとおりである。

　申立人・抗告人甲女と相手方乙男は平成2年11月22日に婚姻し
た。乙男は無精子症で子どもができなかったが，子どもを強く欲
しがったため，人工授精を試みることになり，第三者から精子の
提供を受けて人工授精を試みたところこれが成功し，申立人は妊
娠し，平成6年2月6日無事に丙男を出産した。ところが，甲女
と乙男は平成8年3月9日に別居するに至り，丙男の養育につい
て当事者双方の合意が成立し，週末は甲女宅で，それ以外は乙男
宅で交互に養育している。その後，甲女と乙男は平成9年1月22
日調停離婚し，丙男の親権者については審判で決定する旨合意し

た。この事案の本質的争点は父母いずれが親権者になるのが相当であるかにあるが，それはともかくとして，本件では原審・抗告審いずれもが本件人工授精子の法的地位について説示しているのでここではその部分に限定してその内容を紹介しておくことにしたい。

まず原審の新潟家裁長岡支部の判断である。

「相手方は無精子症であり，第三者から精子の提供を受ける方法による人工授精によって丙男が誕生していることから，相手方は，生物学的には丙男の父ではないものと考えられる。しかしながら，本件記録によれば，本件の人工授精においては精子提供者が明らかにされていないうえ，当事者双方の同意のもとに人工授精が実施されたと認められるから，後日，丙男の嫡出性を否定することは，その行為の背信性，結果の重大性等に鑑みれば，申立人からはもちろんのこと，相手方からも許されないというべきである。」。

他方，抗告審の判断は以下のとおりである。

「夫の同意を得て人工授精が行われた場合には，人工授精子は嫡出推定の及ぶ嫡出子であると解するのが相当である。抗告人（妻）も，相手方と未成年者との間に親子関係が存在しない旨の主張をすることは許されないというべきである。」

この二つの判断は微妙な差異を見せている。原審判は，夫の同意を得てなされたAID出生子に対して，後日その「嫡出性」を否定することは行為の背信性，結果の重大性から許されない，といういわば間接的手法で「嫡出子」としての地位の是認を説いているのに対し，抗告審の決定はより端的に夫の同意を得て人工授精

が行われた場合には，人工授精子は「嫡出推定の及ぶ嫡出子」であると説いている点である。

　本件は父子関係を争った事案ではなく，離婚に際して父母が親権をめぐって争ったものであり，結論としては母を親権者として決着したものであるが，いずれにしてもAIDによる出生子について夫の同意があるときは「嫡出子」と判断されたものであるが，このようにAIDによって生まれた子は，実際には，殆どの場合，夫婦間の嫡出子として出生届がなされ，戸籍上は，母の夫が「父」となっているのであろう。

(2)　大阪地裁平成10年12月18日判決・嫡出否認請求事件（家庭裁判月報51巻9号71頁）

　本件は前記(1)の裁判例に対してAID出生子の嫡出否認の可否が争われた事案である。事実関係の概要は以下のとおりである。

　原告甲男と乙女は平成4年3月に婚姻した夫婦である。婚姻後両者間には子どもができなかったため，乙女は，平成5年から複数の医療機関で不妊治療を受けていた。その間，体外受精・胚移植及び凍結胚移植を合計5回行ったが，一度妊娠反応が出たものの流産し，後の4回は妊娠にも至らなかった。乙女は，平成8年5月，前記医療機関とは別の医療機関において，第三者の精子を用いた人工授精を行った結果，妊娠し，平成9年1月27日，被告丙女を出産した。原告甲男は被告の命名や嫡出子出生届をしたが，その後，被告丙女に対する自己の父性について疑問をもつに至り，嫡出否認の訴えを提起したものである。

　本件判決は以下のように説いている。

　「しかし，証拠によると，体外受精において余った受精卵は冷

凍保存しておいて，それを用いて体外受精・胚移植をなすことは可能であること，乙女も平成７年に流産した後，同年から翌年にかけて冷凍保存しておいた卵を用いて子をつくる旨原告に伝えていることが認められる。そうすると，乙女の不妊治療を行っていたことや人工授精等が失敗に終わったことを知っていた原告が，乙女から人工授精等する旨を告げられていたとしても，なお，その妊娠を過去に自己の提供した精子によるものと考えることがあながち不自然とはいえないし，原告は，そのように考えていたからこそ乙女から妊娠したことの報告を受けときに何ら質問せず，また，被告の命名を自ら行ったとも考えられる。そして，原告が，乙女の不妊治療の経過や原告と乙女の双方が高齢であることなどから平成８年前半の排卵期が妊娠の最後の機会であると認識していたとしても，そのことから，原告が第三者の精子を用いての人工授精等による妊娠，出産を包括的に承認したとすることはできない。

　被告は，原告と乙女とは平成６年末ころから離婚状態にあり，単に同居しているだけの関係であったから，原告としては乙女が自己の精子により妊娠することに格別の意味はなかったと主張している。

　しかし，原告と乙女とが離婚状態にあったのであれば，原告には乙女が第三者の精子により妊娠した子についてその父となる理由はないものといえるのであるから，被告の主張は採用できない。また，乙女が第三者の精子による人工授精等について原告に説明したと認めるに足りる証拠がないばかりでなく（中略）証拠及び弁論の全趣旨によると，第三者の精子による人工授精を行うとき

は夫と妻の署名押印した誓約書が手続上必要とされているにもかかわらず，原告はそのような誓約書も作成していないことが認められる。

　以上の点に照らすと，原告が乙女の人工授精等による妊娠，出産を事前に包括的に承認したと認めることはできない。」

　「証拠によると，原告が，乙女の反対を押し切って被告を丙と命名したこと，そのような出生届を提出したこと，原告が被告の兎唇をなおすために手術費用を工面しようとしたことが認められる。しかし，これらの事実を考慮しても，原告が被告を自己の嫡出子として承認する旨の意思表示をなしたと認めることはできないし，他にこれを認めるに足りる証拠はない。」

　本件の争点は二つあった。一つは，「夫の同意」の有無という事実認定であり，今一つは，出生届の夫による命名行為，出生届出行為が嫡出性の「承認」，つまりは嫡出否認権の喪失という効果をもたらすかどうかであった。本件では事前の承認の存在を否定し，命名行為，出生届出行為は承認には当たらないと判示している。要するに，本件では，夫はAIDに同意していなかったとして，夫のAID子に対する嫡出否認の訴えを認めたのである。

　この問題は国会でも取り上げられた。当時の法務省の細川清民事局長は以下のように答弁されている。

　「AIDで生まれた子どもについての民法上の親子関係の問題でございますが，民法772条第1項は，「妻が婚姻中に懐胎した子は，夫の子と推定する。」ということに定めております。したがいまして，ご指摘のような場合でありましても，妻が婚姻中に懐胎して生まれた子供でございますから，民法上は夫の子，すなわち夫

婦間の嫡出子というふうに推定されるわけでございます。問題は，夫とは生物学的な親子関係がないものですから，後に夫がその嫡出子たることを否認することができるかどうかという問題が次に問題になるわけですが，この場合は事前にそのことを夫が承認した場合には嫡出否認の訴えを提起して否認することはできないけれども，夫の承諾を得ないでそれがされた場合には夫は訴えによって嫡出否認をすることができるという地裁レベルの判例がございまして，それは非常に常識的な解釈ではないかと私どもは思っているわけでございます。」

　この答弁に対して質疑者が父子関係について「父親の方に関して，子供さんの実の父親と認めることは法的にはまだ不確実なところがあるというわけですか」と質問したのに対して，細川民事局長は「これは夫の意思にかかわっているわけでして，夫が嫡出否認の訴えを起こさないで1年を経過いたしますと嫡出否認の訴えはできなくなりますので，法的にはこれは父親と母親双方の嫡出子，夫と妻双方の嫡出子だという地位が確定するわけでございます。」

　しかし，AID子をめぐる法的問題はこれらに限定されるわけではもちろんない。夫が父とならなかった場合，精子提供者を父とすることができるかが問題となろう。しかし，実際問題としては，精子提供者は匿名のため，彼に対して認知請求することは現実的には難しいであろう。ここでも前にも指摘したが，「生まれてくる子の福祉を最優先する」という理念をいかに制度設計の中に組み入れるかが問題となろう。

●死後生殖に関するもの

※　最高裁平成18年９月４日第二小法廷判決・認知請求事件（民
　集60巻７号2563頁）

　凍結保存されていた夫の精子を用いて夫の死後に生殖補助医療
を行いそれにより子が生まれたケースである。Ａ・Ｂ夫婦は，平
成９年に婚姻し，その直後から不妊治療を開始した。また，以前
から白血病の治療を受けていた夫のＡは，骨髄移植手術をするこ
とになり，平成10年６月には，手術に伴う放射線照射によって無
精子症になることを危惧して，精子を凍結保存した。手術後の平
成11年５月には不妊治療を再開することにして，凍結保存精子を
用いて体外受精をおこなう手はずを整えた。しかし，その実施前
の同年９月にＡは死亡した。翌年，Ｂは凍結保存精子を用いた体
外受精をおこない，平成13年５月に当該人工授精で懐胎した子Ｘ
（原告・控訴人・被上告人）を出産した。なお，Ａは，骨髄移植
手術を受ける前の平成10年夏に，Ｂに対して「自分が死亡するよ
うなことがあってもＢが再婚しないのであれば，自分の子を産ん
でほしい」と伝え，また，手術後にはＡの両親らに「自分に何か
あった場合には，Ｂに本件保存精子を用いて子を授かり，家を継
いでもらいたい」と述べていた。ただし，Ａが署名した凍結保存
依頼書には，死後の利用をしない旨の条項があった。また，Ｂは，
凍結精子の保存先病院及び体外受精実施病院のいずれにも，Ａの
死亡事実を伝えていなかった。

　Ｘの出生後，Ｂは嫡出子として出生届をしたが受理されなかっ
た。そこで，ＢはＸの法定代理人として，検察官を相手に死後認
知の訴えを提起した。第一審は訴えを棄却したが，控訴審の高松
高裁は「人工授精の方法による懐胎の場合において，認知請求が

認められるためには，認知を認めることを不相当とする特段の事情が存しない限り，子と事実上の父との間に自然血縁的な親子関係が存在することに加えて，事実上の父の当該懐胎についての同意が存することという要件を充足することが必要であり，かつ，それで十分である」として認知を認めた。

　しかし，最高裁は「死後懐胎子については，その父が懐胎前に死亡しているため，親権に関しては，父が死後懐胎子の親権者になり得る余地はなく，扶養等に関しては，死後懐胎子が父から監護，養育，扶養を受けることはあり得ず，相続に関しては，死後懐胎子は父の相続人になり得ないものである。また，代襲相続は，代襲相続人において被代襲者が相続すべきであったその者の被相続人の遺産の相続にあずかる制度であることに照らすと，代襲原因が死亡の場合には，代襲相続人が被代襲者を相続し得る立場にある者でなければならないと解されるから，被代襲者である父を相続し得る立場にない死後懐胎子は，父との関係で代襲相続人にもなり得ないというべきである。このように，死後懐胎子と死亡した父との関係は，上記法制が定める法律上の親子関係における基本的な法律関係を生ずる余地のないものである。」

　そして，**立法による対応の必要性**について，本件のような場合の法的親子関係に関する問題は，「本来的には，死亡した者の保存精子を用いる人工生殖に関する生命倫理，生まれてくる子の福祉，親子関係や親族関係を形成されることになる関係者の意識，更にはこれに関する社会一般の考え方等多角的な観点からの検討を行った上，親子関係を認めるか否か，認めるとした場合の要件や効果を定める立法によって解決されるべき問題であるといわな

ければならず，そのような立法がない以上，死後懐胎子と死亡し
た父との間の法律上の親子関係の形成は認められないというべき
である。」と判示して高裁判決を取り消している。このように本
件最高裁判決は，死後懐胎子について法的父子関係を認めないこ
とを明らかにしたが，つまりは，死後懐胎子の身分関係を明確に
したのは，生殖補助医療現場に対する規制としても重要な機能を
果たすものと思われる。ただ，死亡した血縁上の父を法律上の父
として認められない場合，死後懐胎子は法律上実父はいないこと
になる。子の立場からは大きな問題であろう。この点に関し，本
件判決の補足意見の中で，滝井繁男裁判官が次のような意見を説
かれているのは重要な視点の一つであると思われる。「わが国に
おいて戸籍の持つ意味は諸外国の制度にはない独特のものがあり，
子にとって戸籍の父欄が空欄のままであることの社会的不利益は
決して小さくはない。子が出自を知ることへの配慮も必要である
と考える。今後，生命科学の進歩に対応した親子法制をどのよう
に定めるにせよ，今日の生殖補助医療の進歩を考えるとき，その
法制に反した，又は民法の予定しない子の出生ということは避け
られないところである。親子法制をどのように規定するにせよ，
法律上の親子関係とは別に，上記の生殖補助医療によって生まれ
た子の置かれる状況にも配慮した戸籍法上の規定を整備すること
も望まれる。」生殖補助医療関連での親子法制の内容を考えると
き手続法としての戸籍法の在り方についても「子」の立場に配慮
した対応を期されるものとして真摯に耳を傾ける必要がある意見
ではないだろうか。

●代理出産に関するもの

94

※　最高裁平成19年３月23日第二小法廷決定・市町村長の処分に
　　対する不服申立て却下審判に対する抗告審の変更決定に対する
　　許可抗告事件（民集61巻２号619頁）

　代理出産を巡って争われた事件はここで紹介する事案以外にも
ある。最初にそれを簡単に紹介しておきたい。これは，提供精子
を用いた代理懐胎のケースである。依頼者夫婦の妻が55歳であっ
たために代理懐胎が発覚して出生届が受理されなかったケースで
ある。50歳以上の女性を母とする出生届については，虚偽の出生
届を防止するために，通達によって市区町村長はその受否につい
て管轄法務局・地方法務局又はその支局の長の指示を求めた上で
処理する扱いになっていた（昭和36年９月５日民事甲第2008号民
事局長通達）。もっともその後，平成26年７月３日民一第737号民
事局長通達によって，母が50歳に達した後に出生した子として届
けられた出生届についても，その子が出生した施設が医療法第１
条の５第１項に規定する病院であることが出生届に添付されてい
る出生証明書によって確認することができるときは，管轄法務局
長等に照会することなく，受理して差し支えないものとされてい
る。本件はこの変更後の通達が出される前の事案であったようで
ある。いずれにしても出生届が不受理とされたため，夫妻は，不
受理処分の取り消しを求めたが，家庭裁判所はこの申立てを却下
し，大阪高裁は，準拠法を日本法としたうえで，母子関係の有無
は分娩の事実により決するとして，抗告を棄却した（大阪高決平
成17年５月20日判例時報1919号107頁）。さらに，最高裁も特別抗
告を棄却したというものである（最高裁決定平成17年11月24日判
例集未登載）。

さて，代理出産に関する事案で次に現れたのがここで紹介する事件である。事案は日本在住の日本人夫婦甲男・乙女は，自然生殖による懐胎が不可能であったために代理出産を希望していたが，日本ではこれが実施できないため，米国ネバダ州に出かけて，平成15年5月に同州在住の米国人女性Aを代理母として代理出産（夫の精子と妻の卵子を受精させて作った受精卵をその女性Aの子宮に移植）のための施術を行い，これにより代理母となった女性Aが双子丙・丁を出産したというものである。

　帰国した同夫婦は，丙・丁を同夫婦間の子として嫡出子出生届をした。しかし，同届書を受け付けたX区役所は，妻による分娩の事実が認められないとして受理しなかった。そこで甲男・乙女は東京家庭裁判所に戸籍法121条に基づき本件出生届の受理を命じることを申し立てた。しかし，同家庭裁判所は，本件出生届の不受理は適法であるとして申立てを却下した。

　そこで，甲男・乙女はこれを不服として東京高等裁判所に抗告した。高裁は家裁の判断とは逆に出生届の受理を命じた。これに対して，Xから許可抗告をしたのが本件である。このような事案は外国判決の承認という問題が別にあるが，それはこの後紹介する本件最高裁決定の中に出てくるので留意してほしい。本件では，甲男・乙女は代理母による出産を受けて，ネバダ州の裁判所に甲男・乙女が丙・丁の父母であることを内容とする裁判を申立て，裁判所はそれを認める内容の裁判をした。その上で，甲男を父，乙女を母とするネバダ州の出生証明書が発行された。この証明書を添付して本件出生届をしたものである。

　東京高裁は本件出生届を受理すべきとした。その理由は，要す

るに前記ネバタ州の確定判決を承認すべきとしたことである。高
裁がそのように判断した理由を簡単にまとめると，本件で親とさ
れた夫婦と子との間に血縁関係（遺伝的関係）があること，日本
で夫婦の子と認められないと，子らを法律的に受け入れる国がな
い状態が続くこと，子の福祉を優先し，ネバダ州の判決を承認し
ても「公序」に反しない，というような点にあるといえよう。そ
の判断が最高裁によって覆されたわけである。少し長くなるが本
件最高裁の決定の重要部分を紹介しよう。

　「外国裁判所の判決が民訴法第118条により我が国においてそ
の効力を認められるためには，判決の内容が我が国における公の
秩序又は善良の風俗に反しないことが要件とされているところ
（略）それが我が国の法秩序の基本原則ないし基本理念と相いれ
ないものと認められる場合には，その外国判決は，同法条にいう
公の秩序に反するものというべきである（最高裁平成５年７月11
日第二小法廷判決・民集51巻６号2573頁参照）。」

　「実親子関係は，身分関係の中でも最も基本的なものであり，
様々な社会生活上の関係における基礎となるものであって，単に
私人間の問題にとどまらず，公益に深くかかわる事柄であり，子
の福祉にも重大な影響を及ぼすものであるから，どのような者の
間に実親子関係の成立を認めるかは，その国における身分法秩序
の根幹をなす基本原則ないし基本理念にかかわるものであり，実
親子関係を定める基準は一義的明確なものでなければならず，か
つ，実親子関係の存否はその基準によって一律に決せられるべき
ものである。したがって，我が国の身分法秩序を定めた民法は，
同法に定める場合に限って実親子関係を認め，それ以外の場合は

実親子関係の成立を認めない趣旨であると解すべきである。」

「わが国の民法上，母とその嫡出子との間の母子関係の成立について直接明記した規定はないが，民法は，懐胎し出産した女性が出生した子の母であり，母子関係は，出産という客観的な事実により当然に成立することを前提とした規定を設けている（民法772条第1項参照）。また，母とその嫡出でない子との間の母子関係についても，同様に，母子関係は出産という客観的な事実により当然に成立すると解されている（最高裁昭和37年4月27日第二小法廷判決・民集第16巻7号1247頁参照）。」

「子を懐胎し出産した女性とその子に係る卵子を提供した女性とが異なる場合についても，現行法の解釈として，出生した子とその子を懐胎し出産した女性との間に出産により当然に母子関係が成立することとなるのかが問題となる。この点について検討すると，民法には，出生した子を懐胎，出産していない女性をもってその子の母とすべき趣旨をうかがわせる規定は見当たらず，このような場合における法律関係を定める規定がないことは，同法制定当時そのような事態が想定されなかったことによるものではあるが，前記のとおり実親子関係が公益及び子の福祉に深くかかわるものであり，一義的に明確な基準によって一律に決せられるべきであることにかんがみると，現行民法の解釈としては，出生した子を懐胎し出産した女性をその子の母と解さざるを得ず，その子を懐胎，出産していない女性との間には，その女性が卵子を提供した場合であっても，母子関係の成立を認めることはできない。」

「以上によれば，本件裁判（ネバダ州裁判）は，我が国におけ

る身分法秩序を定めた民法が実親子関係の成立を認めていない者
の間にその成立を認める内容のものであって，現在の我が国の身
分法秩序の基本原理ないし基本理念と相いれないものといわざる
をえず，民訴法第118条第3号にいう公の秩序に反することにな
るので，我が国においてその効力を有しないものといわなければ
ならない。」

　「そして，甲男らと本件子らとの間の嫡出親子関係の成立につ
いては，甲男らの本国法である日本法が準拠法となるところ（法
の適用に関する通則法第28条第1項），日本民法の解釈上，乙女
と本件子らとの間には母子関係は認められず，甲男らと本件子ら
との間に嫡出親子関係があるとはいえない。」

　要するに，本件決定は，本件ネバダ州裁判は民事訴訟法第118
条第3号の定める公序要件を充たさないため承認されない，と判
断したものである。

　なお，他方で，本件決定は，代理出産が行われている現状を直
視し，代理出産については法制度としてどう取り扱うかについて，
医学的観点からの問題，関係者間に生ずることが予想される問題，
生まれてくる子の福祉などの問題につき，遺伝的なつながりのあ
る子を持ちたいとする真摯な希望及び他の女性に出産を依頼する
ことについての社会一般の倫理的感情を踏まえ，医療法制，親子
法制の両面にわたる検討が必要になると考えられ，立法による速
やかな対応が強く望まれる，ことも付言している点に注目すべき
であろう。今から14年前の指摘である。

　なお，その後，本件夫婦と本件子らとの間で，特別養子縁組が
成立したそうである。法的親子関係を定立するにはやむを得ない

手段だったかも知れないが，何か一種の違和感のようなものを感じるのはなぜだろうか。蛇足ながら，私は本件における東京高裁の判断に，よりシンパシー（sympathy）を感じている。公序とは何か，子の福祉とは何か，難しい問題ではある。

● 性別変更後の生殖補助医療に関するもの
※　最高裁平成25年12月10日第三小法廷決定・戸籍訂正許可申立
　　事件（民集67巻9号1847頁）

　これは，性同一性障害により性別の取扱いの変更の審判を受けた夫（生物学的には女性）とその妻との婚姻中に出生した子に対する戸籍上の取扱いをめぐって問題となった事案である。つまり，性別取扱特例法に基づく審判で女性から男性への性別の取扱いの変更が認められた人が婚姻し，その夫婦の婚姻中に子が出生した場合に関するものである。このようなカップルの間に自然的懐胎による妊娠・出産という事態はあり得ないことであるが，生殖補助医療の技術を用いればその妻が子を儲けることは可能である。

　さて，最高裁平成25年12月10日第三小法廷が戸籍訂正許可申立事件について大変重要な決定をした。この事案は，まさに，性同一性障害により性別の取扱いの変更の審判を受けた夫甲とその妻乙が婚姻中に，妻が夫の同意のもとに，非配偶者間人工授精（AID）により子を懐胎し，出産した，という内容のものであった。このような子の法的地位をどう捉えるべきかという問題について極めて重要な司法の判断が示されたのである。

　甲らは，X区長に，Aを甲・乙夫婦間の嫡出子とする出生届を提出した。しかし，X区長は，Aが民法772条による嫡出の推定を受けないことを前提に，当該出生届の父母との続柄に不備があ

るとして届出の追完をするように催告したが，甲らはこの催告に応じなかった。そこでＸ区長は，平成24年２月に，管轄の東京法務局長の許可を得て，Ａを甲らの「嫡出でない子」として取り扱い，Ａの父欄を空欄にするなどの戸籍記載をした。

　これに対し，甲らが，Ａを甲ら夫婦の嫡出子として取り扱い，子の父欄に甲の氏名を記載するなどの戸籍記載をすべきであり，本件戸籍記載が法律上許されないものであることを主張して，戸籍法第113条の規定に基づき，戸籍訂正の許可を求めたというのが事案の内容である。

　第一審の東京家裁も，抗告審の東京高裁も，いずれも前記のＸ区長のした戸籍の記載は適法だとして甲らの申立てを認めなかった。このうち，抗告審の判示の一部分を参考までに紹介しておきたい。

　「嫡出親子関係は，血縁を基礎としつつ，婚姻を基盤として判定されるものであって，民法第772条は，妻が婚姻中に懐胎した子を夫の子と規定し，婚姻中の懐胎を子の出生時期によって確定することにより，家庭の平和を維持し，夫婦関係の秘事を公にすることを防ぐとともに，父子関係の早期安定を図ったものであることからすると，戸籍の記載上，夫が特例法第３条第１項の規定に基づき男性への性別の取扱いの変更の審判を受けた者であって当該夫との間の血縁関係が存在しないことが明らかな場合においては，民法第772条を適用する前提を欠くものというべきである。」としている。

　戸籍実務も少なくとも本件最高裁の決定が出るまでは，この抗告審の判断と同じであったとみてよい。そのような立場に立つ根

拠は，生物学的には女性である男性への性別変更者が男性としての生殖機能を有していないことは明らかであり，このような事案では，夫が妻との性的関係を独占しており，子の父が夫である蓋然性が高いという民法第772条の規定を適用する前提に欠けるところ，変更審判を受けたことは，戸籍に記載されるため，戸籍面上も，このような前提がないことが明らかとなること，などが挙げられよう。

　ところが最高裁はこれと異なる判断を示して戸籍訂正を認めたのである。

　「特例法第3条第1項の規定に基づき男性への性別の取扱いの変更の審判を受けた者は，以後，法令の規定の適用については男性とみなされるため，民法の規定に基づき夫として婚姻することができるのみならず，婚姻中にその妻が子を懐胎したときは，民法第772条の規定により，当該子は当該夫の子と推定されるというべきである。もっとも，民法第772条第2項所定の期間内に妻が出産した子について，妻がその子を懐胎すべき時期に，既に夫婦が事実上の離婚をして夫婦の実態が失われ，又は遠隔地に居住して，夫婦間に性的関係を持つ機会がなかったことが明らかであるなどの事情が存在する場合には，その子は実質的には同条の推定を受けないことは，当審の判例とするところであるが（略），性別の取扱いの変更の審判を受けた者については，妻との性的関係によって子をもうけることはおよそ想定できないものの，一方でそのような者に婚姻することを認めながら，他方で，その主要な効果である同条による嫡出の推定についての規定の適用を，妻との性的関係の結果もうけた子であり得ないことを理由に認めな

いとすることは相当ではないというべきである。

　そうすると，妻が夫との婚姻中に懐胎した子につき嫡出子であるとの出生届がされた場合においては，戸籍事務管掌者が，戸籍の記載から夫が特例法第3条第1項の規定に基づき性別の取扱いの変更の審判を受けた者であって当該夫と当該子との間の血縁関係が存在しないことが明らかであるとして，当該子が民法第772条による嫡出の推定を受けないと判断し，このことを理由に父の欄を空欄とする等の戸籍の記載をすることは法律上許されないというべきである。」以上が最高裁決定のエッセンシャルな部分である。

　抗告審の判断にもそれなりに論理的で説得力があるように思うが最高裁の決定理由もそのように説かれてみるとなるほどと納得できるような気にもなる。

　なお，法務省は，性別変更した男性を父とする出生届の受理を認めるとともに，既に妻の嫡出でない子として戸籍記載した子について嫡出子に戸籍訂正することとし，父と特別養子縁組している場合には特別養子縁組事項を消除するものとしている（平成26年1月27日付民一第77号民事局長通達）。

⑤　生殖補助医療関係について法的整備の必要性が説かれた背景・理由について

　さて，これまでに生殖補助医療をめぐってその意義，問題点は何か，訴訟に現れた問題にはどのようなものがあったか，というような視点から，この問題が抱える論点を素描してきた。そして，平成10年ころから厚生省（旧）において生殖補助医療の在り方について

専門委員会を設置して検討が開始されたのであるが，そのような検討を必要とした背景はどのようなものであったのかを見てみよう。それには平成12年12月28日付けの「精子・卵子・胚の提供等による生殖補助医療のあり方についての報告書」（厚生科学審議会先端医療技術評価部会生殖補助医療技術に関する専門委員会）の冒頭に検討の背景について記されているのでそれを引用することにしたい。

※　本専門委員会による検討を必要とした背景

○　昭和58年の我が国における最初の体外受精による出生児の報告，平成4年の我が国における最初の顕微授精による出生児の報告をはじめとして近年における生殖補助医療の進歩に伴い，不妊症（生殖年齢の男女が挙児を希望しているにかかわらず，妊娠が成立しない状態であって，医学的措置を必要とする場合をいう。以下同じ）のために子供を持つことができない人々が子を持てる可能性が拡がってきており，生殖補助医療は着実に普及してきている。

○　平成11年2月に，厚生科学研究費補助金厚生科学特別研究「生殖補助医療技術に対する医師及び国民の意識に関する研究班」（主任研究者：矢内原巧昭和大学教授，分担研究者：山縣然太朗山梨医科大学助教授）が実施した「生殖補助医療技術についての意識調査」の結果を用いた推計によれば，現在284,800人（排卵誘発剤の使用：165,500人，人工授精：35,500人，体外受精：17,700人，顕微授精：14,500人，その他：51,600人）が何らかの不妊治療を受けているものと推測されている。

○　また，日本産科婦人科学会では，昭和61年3月より，IVF・ET（体外受精・胚移植），GIFT（配偶子卵管内移植），ZIFT

（接合子卵管内移殖）等の臨床実施について登録報告制を設け，報告内容の集計・分析を行い，その結果を公表しているところであるが，平成11年度の報告によれば，平成10年中のそれらを用いた治療による出生児数は11,119人に達し，平成元年以降これまでに総数で47,591人の児が誕生したとされている。

○　このように，我が国において，生殖補助医療が着実に普及してきている一方，近年，生殖補助医療をめぐり，以下のような状況が生じてきている。

・これまで，我が国において，生殖補助医療について法律による規制等はなされておらず，日本産科婦人科学会を中心とした医師の自主規制の下で，人工授精や夫婦の精子・卵子を用いた体外受精等が限定的に行われてきたが，平成10年6月に日本産科婦人科学会所属の医師が同学会の会告に反して精子・卵子の提供による体外受精を行ったことを明らかにした事例に見られるように，専門家の自主規制として機能してきた日本産科婦人科学会の会告に違反する者が出てきた。

・平成10年12月に，大阪地裁において，夫の同意を得ずに実施されたAIDにより出生した子について，嫡出否認を認める判決が出されるなど，精子の提供等による生殖補助医療により生まれた子の福祉をめぐる問題が顕在化してきた。

・精子の売買や代理懐胎の斡旋など商業主義的行為が見られるようになってきた。

○　このように，我が国の生殖補助医療をめぐる現状は，生殖補助医療の急速な技術進歩がなされ，それが社会に着実に普及してきている一方，それを適正に実施するために必要な有効な規

制等の整備が十分とは言えない状況にあるため，生殖補助医療をめぐり発生する様々な問題に対して適切な対応ができていない状況にあるものと言える。

○　このため，各々の生殖補助医療の是非やその規制のあり方，生殖補助医療により生まれてきた子の法的地位の安定のための法整備のあり方，生殖補助医療に関する管理運営機関の整備のあり方等の生殖補助医療を適正に実施するために必要な規制等の制度の整備が急務になっているものと言え，それについての社会的な合意の形成が必要となってきた。

○　この際，生殖補助医療のあり方については，医療の問題のみならず，倫理面，法制面での問題も多く含んでいることから，この問題の検討に当たっては，医学，倫理学，法律学等の幅広い分野の専門家等の関係者の意見を聞くことが求められる。

以上が専門委員会の報告書の述べる検討の必要性の背景である。蛇足ながらその内容を簡潔に記せば以下のようになろうか。

①　生殖補助医療の実施は着実に普及している。

②　不妊治療を受けている者の数も平成11年の時点で284,800人いるものと推測される。

③　平成元年以降同12年までで体外受精・胚移植その他の生殖補助医療により総数で47,591人の児が誕生している。

④　生殖補助医療については法律による規制がなく，日本産科婦人科学会を中心とした医師の自主規制のもとで行われているが，学会所属の医師が学会の会告に違反する事例が現れるようになった。

⑤　裁判では夫の同意を得ないで実施されたAID出生子について

夫からの嫡出否認を認める判決が出た。

⑥　生殖補助医療を巡る現状は，それを適正に実施するために必要な有効な規制等の制度の整備が十分でないことに起因していろいろな問題が発生する要因となっている。

⑦　このため，生殖補助医療の是非や規制のあり方，生まれてきた子の法的地位の安定のための法整備等幅広い問題について医療面だけでなく，倫理面，法制面での問題を多く含んでいるので多様な関係者の意見を聞くことが求められている。

⑥　関係省庁等によるこれまでの検討経過の概観

生殖補助医療に関する国内での対応に関しては，厚生労働省（旧厚生省を含む。）と法務省において検討がなされてきた。

まず，平成10年10月21日，旧厚生省の厚生科学審議会先端医療技術評価部会の下に「生殖補助医療技術に関する専門委員会」が設置され，そこで生殖補助医療の認められるべき範囲を中心にいかなる生殖補助医療がどのような条件でどのような人々を対象に認めることができるか等について審議検討が行われ，平成12年12月28日に「精子・卵子・胚の提供等による生殖補助医療のあり方についての報告書」が取りまとめられたのが実質的なスタートであったと言ってよいであろう。そして，この報告書に基づき，関係する法制度を３年以内に整備するよう求められた現厚生労働省並びに法務省は，翌年にそれぞれ審議会を立ち上げたのである。この審議検討と関係法整備のタイムリミットを「３年以内」としていたことからも推測できるようにこの問題に対する法制化の実現は喫緊の課題であったと認識されていたことがわかるのである。

厚生労働省の厚生科学審議会生殖補助医療部会は，平成15年4月28日に「精子・卵子・胚の提供等による生殖補助医療制度の整備に関する報告書」（以下，「生殖補助医療部会報告書」と略称）を，法務省の法制審議会生殖補助医療関連親子法制部会も同年7月15日に「精子・卵子・胚の提供等による生殖補助医療により出生した子の親子関係に関する民法の特例に関する要綱中間試案」（以下，「親子法制部会中間試案」と略称）を取りまとめたのである。生殖補助医療部会の報告書と親子法制部会の中間試案がほぼ平行して公にされたのも車の両輪として同時走行を試みた結果であろうと思われる。

　その後，平成18年11月30日に法務省及び厚生労働省は，日本学術会議に対して，代理懐胎を中心に生殖補助医療をめぐる問題について審議するよう依頼した。その理由は，生殖補助医療の在り方，生殖補助医療により出生した子の法律上の取扱いについてはかねてから関係審議会等で検討してきたが，この問題は，生命倫理など幅広い問題を含むために，学術に関する各方面の最高の有識者で構成されている学術会議において特に代理懐胎を中心に生殖補助医療をめぐる諸問題について各般の観点からの審議検討を求めたものである。日本学術会議は，平成18年12月21日に生殖補助医療の在り方検討委員会を設置し，1年3か月にわたり検討を行い，その結果は，対外報告「代理懐胎を中心とする生殖補助医療の課題—社会的合意に向けて—」にまとめられ公表された。

　これら「生殖補助医療部会報告書」「親子法制部会要綱中間試案」対外報告「代理懐胎を中心とする生殖補助医療の課題」は，それぞれの審議検討に当たられた委員等の英知の結集であり，貴重な財産として存在しているものである。仮に生殖補助医療関連の法制化事

業がリスタートするようなことがあれば当然にこれらの文書にまとめられた内容が審議検討の基礎・基盤になるものでなければならない。

　その意味でこれらの貴重な成果について改めてその内容の概要を確認しておくことは重要な意味のあることであると考える。以下においては，これらの「報告書」等についてその重要部分を記してみたい。

⑦　精子・卵子・胚の提供等による生殖補助医療制度の整備に関する報告書（平成15年４月28日・厚生科学審議会生殖補助医療部会）の概要

　本件報告書は全体がＡ４判38頁からなるかなり詳細なものであるので，ここでは，特に重要と思われる，つまり，人々の関心の高いと思われる部分をセレクトして概要を紹介することにしたい。

1　検討の前提としての基本理念
　●　生まれてくる子の福祉を優先する。
　●　人を専ら生殖の手段として扱ってはならない。
　●　安全性に十分配慮する。
　●　優生思想を排除する。
　●　商業主義を排除する。
　●　人間の尊厳を守る。

2　生殖補助医療の対象者
　子を欲しながら不妊症のために子を持つことができない法律上の夫婦に限ることとし，自己の精子・卵子を得ることができる場合には精子・卵子の提供を受けることはできない。加齢により妊娠でき

ない場合は，対象とならない。なお，「加齢により妊娠できない」ことの判定については，医師の裁量とする。

　法律上の夫婦以外の独身者や事実婚のカップルの場合には，生まれてくる子の親の一方が最初から存在しない，生まれてくる子の法的な地位が不安定である，など生まれてくる子の福祉の観点から問題が生じやすいことから，対象者を法律上の夫婦に限ることとした。

3　受けられる生殖補助医療の施術

(1)　精子の提供を受けなければ妊娠できない夫婦のみが，提供された精子による人工授精を受けることができる（AID)。

(2)　女性に体外受精を受ける医学上の理由があり，かつ精子の提供を受けなければ妊娠できない夫婦に限って，提供された精子による体外受精を受けることができる。

(3)　卵子の提供を受けなければ妊娠できない夫婦に限って，提供された卵子による体外受精を受けることができる。

(4)　子の福祉のために安定した養育のための環境整備が十分になされることを条件として，胚の提供を受けなければ妊娠できない夫婦に対して，最終的な選択として提供された胚の移植を認める。ただし，提供を受けることができる胚は，他の夫婦が自己の胚移植のために得た胚に限ることとし，精子・卵子両方の提供によって得られる胚の移植は認めない。

(5)　代理懐胎（代理母・借り腹）は禁止する。

4　子宮に移植する胚の個数

　体外受精・胚移植または提供された胚の移植に当たって，1回に子宮に移植する胚の数は，原則として2個とし，移植する胚や子宮の状況によっては医師の裁量によって3個までとする。

5　精子・卵子・胚の提供者の条件

　精子を提供できる人は，満55歳未満の成人とする。卵子を提供できる人は，既に子のいる成人に限り，満35歳未満とする。ただし，自己の体外受精のために採取した卵子の一部を提供する場合には，卵子を提供する人は既に子がいることを要さない。

　同一の人からの採卵の回数は3回までとする。

　同一の人から提供された精子・卵子・胚による生殖補助医療を受けた人が妊娠した子の数が10人に達した場合には，以後，その者の精子・卵子・胚を当該生殖補助医療に使用してはならない。

6　精子・卵子・胚の提供の対価

　精子・卵子・胚の提供に係る一切の金銭等の対価を供与すること及び受領することを禁止する。ただし，精子・卵子・胚の提供に係る実費相当分及び医療費については，この限りでない。

7　精子・卵子・胚の提供における匿名性

　精子・卵子・胚を提供する場合には匿名とする。

8　出自を知る権利

　提供された精子・卵子・胚による生殖補助医療により生まれた子または自らが当該生殖補助医療により生まれたかもしれないと考えている者であって，15歳以上の者は，精子・卵子・胚の提供者に関する情報のうち，開示を受けたい情報について，氏名，住所等，提供者を特定できる内容を含め，その開示を請求することができる。

9　近親婚とならないための確認

　提供された精子・卵子・胚による生殖補助医療により生まれた子または自らが当該生殖補助医療により生まれたかもしれないと考えている者であって，男性は18歳，女性は16歳以上の者は，自己が結

婚を希望する人と結婚した場合に近親婚とならないことの確認を公的管理運営機関に求めることができる。

10 インフォームド・コンセントとカウンセリング

提供された精子・卵子・胚による生殖補助医療を行う医療施設は，当該生殖補助医療を受ける夫婦が，当該生殖補助医療を受けることを同意する前に，夫婦に対し，当該生殖補助医療に関する十分な説明を行わなければならない。

実施について，夫婦それぞれの書面による同意を得なければならない。

提供された精子・卵子・胚による生殖補助医療を受ける夫婦の同意は，同意に係る生殖補助医療の実施前であれば撤回することができる。

精子・卵子・胚の提供者及びその配偶者からの書面による同意を得なければならない。

11 実施医療施設及び提供医療施設

生殖補助医療の実施医療施設及び提供医療施設は，厚生労働大臣または地方自治体の長が指定することとし，一定水準以上の人材，施設，設備等を有していることが必要である。実施医療施設は，倫理委員会を設置しなければならない。

12 公的管理運営機関

同意書や個人情報の保存，出自を知る権利への対応のため，公的管理運営機関を設置する。夫婦の同意書は80年間保存する。親子関係に争いがあるときは，公的管理運営機関に開示請求することが可能である。精子・卵子・胚の提供者及び生まれた子の個人情報は，80年間保存する。

13　罰則を伴う法律による規制

(1)　営利目的での精子・卵子・胚の授受，授受の斡旋

(2)　代理懐胎のための施術，施術の斡旋

(3)　提供された精子・卵子・胚による生殖補助医療に関する職務
　　　上知り得た人の秘密を正当な理由なく漏洩すること

※　以上が生殖補助医療部会の報告書のダイジェスト版である。同
　部会が1年9か月，計27回にわたって精力的に行ってきた審議検
　討の結果である。認められるべき生殖補助医療の範囲とその実際
　の運用に際しての基本的ルール，生殖補助医療の広義の運用面で
　の配慮事項等専門委員会の報告の内容をもとにその具体的な制度
　整備についての方針が示されているわけである。今から18年前に
　まとめられたものであるから現在の時点で見ればあるいは審議検
　討項目から漏れているものがあると思われるかも知れないがそれ
　はやむを得ないことであろう。もし，仮に審議検討がリスタート
　するようなことがあれば当然新しい問題も視野に入れて検討が行
　われることになろう。あえて言えば，例えば，代理懐胎について
　報告書は明確に禁止するとしているが，その後の代理出産問題の
　国内状況等を勘案すれば当然再検討の対象たりえるものであろう。
　また，生殖補助医療を利用できる対象者を法律婚夫婦に限定し，
　事実婚カップル等については否定しているが，この点についても
　長期的視野に立って対象化の是非について再検討の余地があるの
　ではなかろうか。多様化が叫ばれている今日，あまり特定の夫婦
　観なり親子観に引きずられるのはいかがなものであろうか。結論
　は別として関係者が納得できる理由を示してほしいと願うもので
　ある。

⑧　精子・卵子・胚の提供等による生殖補助医療により出生した子の親子関係に関する民法の特例に関する要綱中間試案（平成15年7月15日・法務省法制審議会生殖補助医療関連親子法制部会）の概要

　ここでは，中間試案とともに中間試案の内容の理解に資することを目的として試案の補足説明も公表されているのでそれをも加えて紹介したい。試案の内容をより詳しく理解するためにも極めて有用であると思われるからである。

中間試案

第1　卵子又は胚の提供による生殖補助医療により出生した子の母子関係
　　　女性が自己以外の女性の卵子（その卵子に由来する胚を含む。）を用いた生殖補助医療により子を懐胎し，出産したときは，その出産した女性を子の母とするものとする。
（注）ここにいう生殖補助医療は，厚生科学審議会生殖補助医療部会「精子・卵子・胚の提供等による生殖補助医療制度の整備に関する報告書」が示す生殖補助医療制度の枠組み（以下「制度枠組み」という。）に従って第三者から提供された卵子を用いて妻に対して行われる生殖補助医療に限られず，同枠組みでは認められないもの又は同枠組みの外で行われるもの（独身女性に対するものや借り腹等）をも含む。

第2　精子又は胚の提供による生殖補助医療により出生した子の父子関係

　妻が，夫の同意を得て，夫以外の男性の精子（その精子に由来
する胚を含む。以下同じ。）を用いた生殖補助医療により子を懐
胎したときは，その夫を子の父とするものとする。

（注１）このような生殖補助医療に対する夫の同意の存在を推定するとの考え
　　　方は採らないこととする。

（注２）この案は，法律上の夫婦が第三者の精子を用いた生殖補助医療を受け
　　　た場合のみに適用される。

第３　生殖補助医療のための精子が用いられた男性の法的地位

　1⑴　制度枠組みの中で行われる生殖補助医療のために精子を提
　　　供した者は，その精子を用いた生殖補助医療により女性が懐
　　　胎した子を認知することができないものとする。

　　⑵　民法第787条の認知の訴えは，⑴に規定する者に対しては，
　　　提起することができないものとする。

　2　生殖補助医療により女性が子を懐胎した場合において，自己
　　　の意に反してその精子が当該生殖補助医療に用いられた者につ
　　　いても，１と同様とするものとする。

　以上が中間試案の骨子部分である。以下においては，中間試案の
補足説明を紹介する。試案の理解に資するとともに，部会における
審議の状況を知る上でも参考となるものである。外国の法制等につ
いても述べられており貴重である。

◆審議の背景及び経緯

1　審議の背景

⑴　我が国の生殖補助医療の動向

本試案及び本補足説明において，「生殖補助医療」とは，生殖を補助することを目的として行われる医療をいい，具体的には，人工授精，体外受精，顕微授精，代理懐胎等をいう。本試案が主として対象とするのは，第三者が提供する精子，卵子又は胚（以下「配偶子等」ともいう。）を用いて行う生殖補助医療である（略）。

　我が国においても，患者の病態に応じた多様な生殖補助医療技術の開発が進み，従来から行われていた人工授精に加え，昭和58年には体外受精・胚移植による初めての出生例が，平成4年には顕微授精による初の出生例がそれぞれ報告されている。日本産科婦人科学会は，昭和61年から一定の生殖補助医療について実施機関の登録及び実施例の報告制度を設け，報告の収集・分析結果を公表しているが，それによると，平成11年における体外受精，顕微授精等の治療周期総数は6万9,019周期，出生児数は1万1,929人に達したとされている。

　さらに，第三者から配偶子等の提供を受けて行う生殖補助医療のうち，第三者が提供した精子を用いた人工授精（AID）について，日本産科婦人科学会は，平成9年にその実施条件についての見解をまとめた。また，平成13年3月時点におけるAIDの臨床実施に関する登録施設数は全国で26施設あり，平成11年における同医療の患者数は1,134人，出生児数は221人とされている。

(2)　**法整備の必要性**

　このように，我が国においては，AIDを含む生殖補助医療一般が社会に定着してきている一方で，生殖補助医療の実施に関

する法的規制はなく，上記の日本産科婦人科学会の会告による
自主的規制にゆだねられてきた。しかし，近時，代理懐胎等，
会告に違反した医療が行われるなど，当該自主規制の限界が認
識され，法的規制の必要性が指摘されるようになった。また，
非配偶者間の生殖補助医療によって生まれた子の親子関係が裁
判上問題となった事案が生じるなど，親子関係の明確化，子の
法的地位の安定化の必要性も顕在化してきたといえる（夫に無
断で行われたAIDにより生まれた子につき，夫の嫡出否認の訴
えを認容した大阪地判平10・12・18判タ1017号213頁，親権者
指定の審判において夫の同意を得たAIDにより生まれた子との
間の父子関係が存在しない旨の主張が許されないとした東京高
決平10・9・16判タ1014号245頁）。

　そのような状況下，平成10年10月に旧厚生省の厚生科学審議
会先端医療技術評価部会の下に「生殖補助医療技術に関する専
門委員会」が設置され，生殖補助医療技術に係る安全面，倫理
面，法制面における論点整理のための検討が行われた。平成12
年12月に取りまとめられた報告書（以下「専門委員会報告書」
という。）においては，精子，卵子又は胚の提供による生殖補
助医療を一定の条件の下で認めるとともに，当該医療を実施す
るための条件整備の一環として，当該生殖補助医療によって生
まれた子の親子関係に関する法整備の必要性が提言された。

(3)　**諸外国における法整備の動向**

　外国法制を見ても，先進諸国を中心に，生殖補助医療の普及
に対応して，当該医療の許容性・実施条件及び親子関係の規律
についての整備が進んでいる。

英国においては，1980年代に政府内に設けられた調査委員会の報告・勧告も参考として，1990年，「ヒトの受精及び胚研究に関する法律」を制定し，ヒト配偶子の受精，胚の研究利用等を認可制の下に置く規制枠組みを定め，禁止行為を定めるとともに，許容される生殖補助医療によって出生した子の親子関係を明確にしている。

ドイツにおいては，代理母あっせんの禁止等を定める「養子斡旋及び代理母斡旋禁止に関する法律」（1989年）や「遺伝子技術規制法」（1990年）に続き，同年「胚保護法」を制定し，不正な生殖技術を罰則をもって禁止した。このような規制を前提として，1997年及び2002年には親子関係を明確化するための民法改正を行っている。

フランスにおいては，1994年，「生命倫理法」と総称される3つの立法により，人体の尊重という共通の倫理原則の下，先端医療技術の包括的な規制の枠組みが定められた。これにより，臓器・組織の移植等とともに生殖技術に関する規制枠組みも整備されたが，民法中にも，人体尊重の原則を提示する規定のほか，生殖補助医療によって生まれた子の親子関係の確定を図る規定も置かれている。

スウェーデンにおいては，「人工授精法」（1984年）及び「体外受精法」（1988年制定，2002年改正）による医療行為の規制枠組みに対応する親子法の改正により，親子関係に関する規定が整備された。

米国においては，医療行為を包括的に規制する連邦法・州法はないが，各州法に生殖補助医療によって出生した子の親子関

係についての定めがある。このような州法のモデルとして，統一州法に関する全米委員会の「統一親子関係法」（2000年）及び「援助された妊娠による子どもの地位に関する統一法」（1988年）がある。

2　本部会の審議経緯等（略）

◆本試案の内容の説明

1　生殖補助医療の定義及び凡例

本試案の適用対象となる生殖補助医療は，前記のとおり，生殖を補助することを目的として行われる医療をいい，具体的には，人工授精，体外受精，顕微授精，代理懐胎等をいうが，我が国において規制対象となる生殖補助医療は，最終的には，生殖補助医療部会報告書を踏まえて立案される同医療の実施に関する法律等において定められることになる。

本補足説明においては，精子，卵子又は胚の提供による生殖補助医療により出生した子の親子関係を検討するに当たって，生殖補助医療を大きく次のように区分する。

① 　夫の精子と妻の卵子からなる子を妻が懐胎・出産する場合（配偶者間型）

② 　夫以外の男性の精子からなる子を妻が懐胎・出産する場合（精子提供型）

③ 　妻以外の女性の卵子からなる子を妻が懐胎・出産する場合（卵子提供型）

④ 　妻の卵子及び夫の精子からなる子を妻以外の女性が懐胎・出産する場合（借り腹型）

⑤ 　妻以外の女性の卵子及び夫の精子からなる子を妻以外の女

性が懐胎・出産する場合（代理母型）

なお，他の夫婦の配偶子から形成された胚が，依頼夫婦の懐胎のため提供される場合，上記②及び③の双方に当たる。しかし，本試案における親子関係の規律に当たっては，父子関係について②の観点から，母子関係について③の観点から述べるところが妥当するため，独立して取り上げることはしない。

2 生殖補助医療制度の枠組みとの関係

本試案における親子関係の規律は，基本的には，生殖補助医療の実施の規律を踏まえたものでなければならないと考えられることから，本補足説明も，そのような観点から，生殖補助医療部会報告書が示す現段階における生殖補助医療制度の枠組み（以下「制度枠組み」という。）に適宜言及しながら説明を加えることとする。もっとも，本試案における親子関係の規律の中には，制度枠組みの中で行われた医療のみならず，同枠組みでは認められないもの又は同枠組みの外で行われたものにも適用されるものがある。なお，生殖補助医療部会報告書において，検討の対象となった生殖補助医療としては，容認するものとして，AID（提供された精子による人工授精），提供された精子による体外受精，提供された卵子による体外受精及び提供された胚の移植が挙げられ，禁止するものとして代理懐胎（借り腹・代理母）が挙げられている。夫婦の精子及び卵子を受精させ，妻が懐胎出産するものについては，検討の対象として明示されていない

第1 母子関係について（本試案第1）

1 問題の所在

現行民法上の嫡出推定及び嫡出否認の制度の前提となる

　嫡出母子関係は，子の懐胎及び出産の事実から発生するものと理解されている（民法第772条）。また，嫡出でない母子関係についても，原則として認知をまたず分娩の事実により発生するものと解されている（最二小判昭37・4・27民集16巻7号1247頁参照）。しかし，例えば卵子提供型又は借り腹型のように，他人から卵子の提供を受けて子を出産する場合には，子を出産した女性と，卵子を提供した血縁上のつながりのある女性とが異なることになる。民法の上記規定も，嫡出でない母子関係に関する上記最高裁判決も，このような場合を想定したものとは考え難く，また，社会通念上，いずれの女性を母とするか，一義的に定まるものでもないため，母子関係に関する立法的な解決が必要となる。

2　外国の法制

　各国における生殖補助医療によって出生した子の母子関係の規律は，その規律対象に差はあるものの，子を出産した女性を母とする原則を採るのが一般である。

　英国においては，生殖補助医療において子を出産した女性が母となり，他の女性は母とならないことを原則とするが（ヒトの受精及び胚研究に関する法律第27条第1項），代理懐胎において，裁判所の親決定により，出生した子を配偶子等を提供した夫婦の子とする途が開かれている（同法30条）。

　米国の統一親子関係法においては，母子関係は出産により成立するものとする（同法第2章第201条第(a)項(1)）が，

有効な代理懐胎契約に基づいて，依頼者夫婦の子となる途が開かれている（同法第8章第801条以下）。

　ドイツにおいては，生殖補助医療の場合を含め，一般的に，子を出産した女性を母と定められている（民法第1591条）。

　フランスにおいては，母子関係に関する明文の規定はないが，従来から一貫して，出産した女性が子の母であると解されている。

　スウェーデンにおいては，卵子提供による体外受精の場合に，子を出産した女性を母とみなす旨の規定が置かれている（親子法第1章第7条）。

3　試案の説明

(1)　基本的な考え方

　本試案第1では，女性が自己以外の女性の卵子（その卵子に由来する胚を含む。）を用いた生殖補助医療により子を懐胎し，出産した場合には，子を出産した女性をその子の母とすることとしている。すなわち，出産した女性と子との間に出産の事実によって母子関係が成立するとの趣旨である。この考え方を採用したのは，次のような理由による。

　ア　母子関係の発生を出産という外形的事実にかからせることによって，母子間の法律関係を客観的な基準により明確に決することができる。

　イ　この考え方によれば，自然懐胎の事例における母子関係と同様の要件により母子関係を決することができ

るため，母子関係の決定において，生殖補助医療により出生した子と自然懐胎による子とをできるだけ同様に取り扱うことが可能になる。

ウ　女性が子を懐胎し出産する過程において，女性が出生してくる子に対する母性を育むことが指摘されており，子の福祉の観点からみて，出産した女性を母とすることに合理性がある。

エ　本試案が主として想定する卵子提供型の生殖補助医療においては，当該医療を受けた女性は生まれた子を育てる意思を持っており，卵子を提供する女性にはそのような意思はないから，出産した女性が母として子を監護することが適切である。

(2)　適用範囲

ア　本試案第1は，生殖補助医療の範囲を限定せず，制度枠組みの中で行われる卵子提供型の生殖補助医療だけでなく，同枠組みで認められていない借り腹型等の生殖補助医療によって生まれた子の母子関係についても適用されることとしている。これは，このような事例においても，血縁上のつながりのある女性と出産した女性とが異なる限り，出生後の母子関係を明確にする必要性は同じであること，出産した女性を母とする根拠のうち，前記(1)ア，イ及びウはこの場合にも妥当すること，さらに，借り腹について，生殖補助医療部会報告書によれば，人を専ら生殖の手段として扱い，また，第三者に多大な危険性を負わせる等の理由から，

禁止される方向であるところ，親子関係の規律におい
て依頼者である女性を実母と定めることは，上記の医
療を容認するに等しい例外を定めることとなり，相当
でないこと等を理由とする。

イ　本試案第1は，子の血縁上のつながりがある女性と出
産した女性が異なる場合の母子関係の解決を目的とした
ものであって，両者が一致する場合（自然懐胎，配偶者
間型，精子提供型，代理母型）における母子関係の決定
に関する現行民法の解釈に影響を与えるものではない。

第2　父子関係について（本試案第2）

1　問題の所在

(1)　民法は，妻が婚姻中に懐胎した子を夫の子であると推
定し（民法第772条），夫のみが一定期間内に嫡出否認の
訴えによって嫡出父子関係を否認することができるもの
としている（同法第775条）。夫は，嫡出否認の訴えにお
いては，子との間の血縁がないことを主張立証して上記
の推定を覆すことができるが，夫が子の出生後にその嫡
出性を承認したときは，嫡出否認権を失う（同法第776
条）。

上記のように，嫡出父子関係を争うことは，その主体
及び手段において相当限定されており，これにより，父
子関係の早期安定及び家庭の平和の尊重が制度的に図ら
れている。

(2)　精子提供型の生殖補助医療が行われる場合においては，
当該医療を受ける夫婦の夫と出生した子との間に血縁関

係がないことが明らかであるため，現行法の解釈におい
ては，出生した子が嫡出推定を受けるか，嫡出推定を受
けるとした場合，夫が嫡出否認の訴えにより父子関係を
覆すことが可能か等が問題となり，立法的手当てが必要
となる。

2　外国の法制

　精子提供型の生殖補助医療によって出生した子の父子関
係について，諸外国の多くは，その懐胎に同意した男性を
父と規定している。

　英国においては，妻が夫以外の者の精子を用いた人工授
精，胚移植又は精子及び卵子の注入を受けて懐胎した場合，
夫（裁判別居している者を除く）は，実施に同意していな
かったことが立証されない限り，子の父とされる（ヒトの
受精及び胚研究に関する法律第28条）。なお，同条では更
に，独身女性が生殖補助医療によって懐胎したとき，精子
提供者でなく懐胎に同意した男性が父となる旨が規定され
ている。

　フランスにおいては，法律上の夫婦の場合，まず嫡出推
定がされ（民法第312条），生殖補助医療に関する夫の同意
があった場合には，あらゆる親子関係又は身分関係の争い
の訴えが禁止される（同法第311-20条）。また，事実婚の
夫婦の場合にも，男性が同意することにより，誰も父子関
係について争い得ないこととされている。

　ドイツにおいては，母の夫が父とされることを前提とし
て，第三者の精子提供に同意した夫婦から子が出生した

きは，夫及び子の母が夫の父性を否定することはできない
とされている（民法第1592条第1号，第1600条第2項）。

　スウェーデンにおいては，人工授精又は体外受精が夫又
は内縁の夫の同意を得て行われ，出生した子が諸般の状況
からみて当該人工授精又は体外受精によって懐胎されたと
信ずべき相当な事由がある場合，同意した男性が子の父と
みなされる（親子法第1章第6条，第8条）。

　米国の統一親子関係法においては，夫が妻の生殖補助医
療に同意していれば，夫は，出生した子の父となるとされ
る（同法第7章第703条）。

3　試案の説明

(1)　基本的考え方

　ア　本試案第2では，妻が夫の同意を得て夫以外の男性
　　の精子を用いた生殖補助医療により子を懐胎したとき
　　は，その子を同意した夫の子（嫡出子）とすることと
　　している（本試案及び本補足説明にいう夫の同意は，
　　妻が生殖補助医療を受け，それによって懐胎すること
　　についての妻に対する同意であり，制度枠組みにおい
　　て必要とされる生殖補助医療実施に対する同意とは概
　　念的には区別される。）。これは，精子提供型の生殖補
　　助医療は，当該医療を受ける夫婦がその間の子を設け
　　ることを希望するものであり，これによる妻の懐胎に
　　同意した夫は出生した子を自らの子として引き受ける
　　意思を有していると考えられるので，同意した夫を父
　　とし，親の責任を負わせるのが相当であることを理由

とする。なお，制度枠組みにおいては，生殖補助医療
の実施前に，医師が，当該医療を受ける夫婦に対し，
法律上の親子関係を含めた諸事項を説明し，カウンセ
リングを受ける機会を与える等の慎重な手続を経るこ
ととされており，同意した夫が出生した子を自らの子
として引き受ける意思を持つことについての制度的な
手当てがされている。

　本試案第2は，上記のような規律の実質を示したも
のであるが，これを法律中に規定する場合には，「同
意した夫は，子が嫡出であることを否認することがで
きない」と手続的に規定する案と，「同意した夫をそ
の子の父とする」と実体的に規定する案が考えられる。
本部会においては，民法の嫡出推定制度との整合性及
び子の法的地位の早期安定化を理由に前者の考えが大
勢を占めている。

イ　本試案第2の夫の同意は，上記のとおり，自己との
間に血縁関係のない子の父となることを引き受け，親
の責任を負う根拠になるものであり，配偶者間型の生
殖補助医療における同意とは内容が異なり，第三者が
提供する精子又は胚によって妻を懐胎させることに対
する同意である。したがって，配偶者間型の生殖補助
医療に対する同意があるからといって，精子提供型の
生殖補助医療に対する同意があると評価することはで
きない。

ウ　なお，制度枠組みにおいては，生殖補助医療を受け

ることの同意は，実施前には自由に撤回することがで
きるものとされている。本試案第2における生殖補助
医療に対する同意は，実施時に存在していることを要
し，実施前に同意を撤回した場合には，上記の同意が
存在しないことになると考えられる。

(2) 同意の立証責任

　本試案第2は，上記の夫による同意の立証責任に関す
るものである。専門委員会報告書においては，子の法的
地位の安定の観点から，妻が生殖補助医療により出生し
た子については，夫の同意があることを推定する旨法律
で明記すべきであるとの提言がされていたところであり，
外国法制にも，妻が生殖補助医療を受けた場合，夫が同
意していなかったことを立証しない限り，出生した子の
父とされるものとするものがある（ヒトの受精及び胚研
究に関する法律第28条第(2)項）。

　しかし，生殖補助医療部会報告書によれば，生殖補助
医療を受ける夫婦の同意書が長期間（80年間）公的機関
に保管され，関係者の同意書へのアクセスが認められる
こととされており，同意の存在を立証することが特段の
困難を強いるものとは考えられず，また，一般的にある
事実（同意）の「不存在」の立証は困難であること等か
ら，主張立証責任の一般原則に従い，自己に有利な法律
効果を主張する側が，当該事実の存在を主張立証するこ
ととした。この考え方によると，妻が婚姻中に生殖補助
医療により懐胎した子について，夫が嫡出否認の訴えを

提起した場合，夫が血縁関係の不存在を主張して嫡出否認権の発生を根拠付けようとするのに対し，子又は母の側で，子が第三者の精子・胚提供に係る生殖補助医療によって生まれた子であること及び当該生殖補助医療について夫の同意があったことを主張立証して，否認権の発生を障害することになると考えられる。

　なお，以上のとおり，制度枠組みで要求される医療機関における同意書は，夫の同意の立証手段として重要なものであると考えられるが，本試案第2における夫の同意は，第三者の精子により妻が懐胎することに対する親子法制上の実体的な同意であり，これについて書面性が要求されているものではない。

(3)　**適用範囲等**

　本試案第2は，本試案の適用範囲を説明するものである。

　本試案第2は，妻が婚姻中に夫の同意を得て精子提供型の生殖補助医療によって子を懐胎した場合について定めるものであり，したがって，当然に嫡出父子関係に関するものであって，嫡出でない父子関係については特段定めを置かないものとしている。

　これは，制度枠組みにおいては，婚姻外の男女が生殖補助医療により設けた子は，嫡出とならず，子の地位が不安定になり，生まれてくる子の福祉に反するおそれがあるため，法律上の夫婦にのみ実施を認めることとしているところ，親子関係の規律もこれと平仄を合わせるの

が相当であると考えられたこと，また，内縁の夫にも適用することとすると，当該婚姻外の男女間にどの程度の関係があれば内縁と評価することができるかについて明確な基準の定立が必要になるが，このような基準の定立は困難なこと等を理由とする。しかし，法律上の夫婦が受ける精子提供型の生殖補助医療であれば，必ずしも制度枠組み内で医療が行われなかった場合であっても，本試案が適用される。

　なお，本試案は，自らの不妊治療のため生殖補助医療を受ける夫婦と子の間の親子関係を規律することを目的としたものであり，その趣旨から，代理懐胎により子を出産した代理母に夫がいる場合において，生殖補助医療により妻（代理母）が懐胎することに対する夫の同意があっても，その夫と子との親子関係について本試案が適用されることは予定されておらず，その結果，当該親子関係は，現行民法の解釈により決せられることになる。

第3　生殖補助医療に精子が用いられた者の法的地位（本試案第3）

1　精子提供者の地位

(1)　問題の所在

　　精子又は胚の提供による生殖補助医療における提供者は，出生した子との間に血縁関係を有するため，現行法においては，任意認知又は認知の訴えによって親子関係が生ずる余地がある（民法第779条，第787条）。そのため，精子提供者と出生した子の間の親子関係について明

確にする必要が生じる。

　もっとも，適法な精子，卵子又は胚の提供による生殖補助医療によって子が出生した場合，当該医療を受けた夫婦との間に嫡出親子関係が発生することから，認知によって提供者と子の間に父子関係が生ずることはない。本試案第3は，そのことを注意的に述べたものである。

　なお，生殖補助医療部会報告書においては，精子，卵子又は胚の提供による生殖補助医療によって出生した子は，15歳以上であれば，公的機関から，提供者を特定することができる内容を含む情報の開示を受けることができるものとしている。

(2)　外国の法制

　生殖補助医療のために精子を提供した者の地位については，特段の規定を置かないもの（ドイツ，スウェーデン）もあるが，以下のように，提供者が生殖補助医療によって出生した子の父とならないと規定するものもある。

　英国においては，生殖補助医療に対する精子の提供に同意をした男性は，当該生殖補助医療により出生した子の父とされない（ヒトの受精及び胚研究に関する法律第28条第(6)項(a)，同法付則3第5項）。

　フランスにおいては，提供者と出生した子の間にはいかなる親子関係も生じさせることはできず，提供者に対して責任に関する訴えを提起することもできないものとされる（民法第311-19条）。

　米国統一親子関係法においても，精子の提供者は親と

されない（同法第 7 章第702条）。

(3) **試案の説明**

ア　基本的な考え方

　　本試案第 3 ・ 1 では，制度枠組みの中で行われる生殖補助医療のために精子を提供した者について，任意認知及び認知の訴えがいずれもできないこととしているが，その理由は次のとおりである。

　　①　新たな制度枠組みは，匿名の第三者が精子を提供することにより，不妊症の夫婦が子を設けることができるようにするものであるから，提供者である第三者が父となることは，制度の趣旨に反することになる。

　　②　他の夫婦のために精子を提供した者は，出生した子の父となる意思は有しておらず，将来的に認知の訴えにより父子関係が形成され得るとすることは，提供者の意思に反し，その法的地位を不安定なものとし，ひいては精子の提供そのものを躊躇させる結果となり得る。

　　③　匿名の第三者であることが予定される精子提供者からの認知を認める場合，母子間の家庭の平和を害し，子の福祉に反するおそれを生じ得る。

イ　具体的な適用例等

　　上記のとおり父となることがない精子提供者の範囲について，本試案第 3 ・ 1 では，制度枠組みの中で行われる生殖補助医療のため精子を提供した者とする案

を示している。これは，上記の①の点を重視し，適法
な生殖補助医療に用いられる前提で精子を提供した者
が，出生した子の父となることがないようにして，提
供者の法的地位の安定を図るとともに，出生した子が
認知され，その福祉に反する事態が生じないようにす
る趣旨であり，具体的内容は次のとおりである。

①　制度枠組みにおいて，適法な提供手続に従って
精子を提供した者は，父とならないものとする。
例えば，適法に提供した精子がその後の手続上の
過誤等により，結果的に制度枠組み外の医療に用
いられた場合であっても，提供者は父とはならな
い。

②　提供手続に客観的には不備がある場合において
も，提供者において提供時に自己の提供する精子
が適法な生殖補助医療のために用いられるとの認
識であった場合には，認知により父とならないも
のとする。

　　例えば，厚生労働大臣又は地方自治体の長によ
る指定を取り消された医療施設が精子の提供を受
けたが，提供者においてそのような指定の取消し
を知らなかったような場合である。

以上のとおり，提供者について認知を認めないこと
とする基準は，基本的には提供手続の客観的な適法性
であるが，その客観的な適法性を欠く場合には，適法
な生殖補助医療が実施されることについての提供者の

提供時における主観的認識が基準となり，その後に提
供精子を用いて行われた生殖補助医療が結果的に適法
であったかどうかの問題とは切り離して考えるべきこ
とに留意する必要がある。

2　意思に反して精子が用いられた者の地位

（1）問題の所在

生殖補助医療の特殊性は，生殖行為を伴わないでも子
を懐胎し得るところにあるが，更に，何らかの事故又は
手続上の過誤により，何らの意思や行為を伴わず，又は
自己の意思に反して，自己と血縁がある子が懐胎され，
出生する場合もあり得る。このような場合の親子関係に
ついては，現行民法上の解決が不明確であることから，
立法をもって何らかの規律をすべきかが問題となる。

（2）試案の説明

ア　基本的な考え方及び具体的な適用例

本試案第3・2では，自己の意思に反して精子が生
殖補助医療に用いられた場合に，その者は認知により
出生した子の父とならないこととしている。具体的に
は，①配偶者間型の生殖補助医療のため精子を提供し
たところ，その精子が他人の妻の懐胎に用いられた場
合，②生殖補助医療に用いる意思なく，例えば検査の
目的で精子を提出したところ，その精子が女性の懐胎
に用いられた場合等が該当する。

上記のように，妻以外の女性を懐胎させる意思が全
くない者について，妻以外の女性から出生した子との

間の父子関係を認めることは，精子を用いられた者の予期に反して適当ではなく，また，子にとって最もふさわしい者を法的な親とすべきであるという観点からも望ましくないと考えられる。さらに，生殖補助医療を受けた妻及び出生した子の間の家庭の平和の確保という要請は，この場合においても妥当すると考えられる。

イ　適用範囲

　本試案第3は，この案の適用範囲について注意的に述べたものである。この案は，必ずしも第三者の配偶子等の提供による生殖補助医療の場合に限定されるものではないが，このような案を示した理由は，次のとおりである。

①　事故により意思に反して精子が用いられた場合は，精子を提供又は提出した時の目的が精子提供型の生殖補助医療であるのか，配偶者間型であるのか，また，実際に精子が用いられたのが精子提供型の生殖補助医療であるか，配偶者間型の生殖補助医療であるかにかかわらず，精子が用いられた男性が父とならないこととして，その者の法的地位の安定を図る必要性がある。

②　意思に反して用いられた精子が，精子提供型の生殖補助医療に用いられた場合，本試案第3・1の精子提供者に該当しないことから，当該生殖補助医療に対する夫の同意がない事例では，認知による父子

関係の成否が問題となる。したがって，本問題も，精子提供型の生殖補助医療に付随して問題となり得ると考えることも可能である。

本部会においては，この案に対し，配偶者型の場合にも適用される規律を設けることは，本部会の検討事項との関係から相当でない。又は認知を一律禁止とすることが事案に応じた柔軟な解決を妨げるという理由から，反対する意見もあった。

なお，本試案第3は，嫡出でない父子関係について定めるものであり，夫の精子が妻の懐胎に用いられた場合のように，嫡出父子関係が問題になる場合については規律するものではなく，現行法の解釈にゆだねることになる。

3　その他

(1)　試案の適用対象外の場合

試案第3・1及び2で述べた以外の場合においては，認知の可否について特段の特例を設けない結果，現行法の解釈にゆだねられ，血縁関係がある場合には，認知により父子関係が生じる余地がある。

(2)　夫の死後に凍結精子を用いるなどして生殖補助医療を行った場合

夫の死亡後に凍結精子を用いた生殖補助医療が行われ，子が出生した場合，その子は，妻が婚姻中に懐胎した子ではないため，嫡出推定を受けないと考えられるが，夫の死亡の日から3年を経過しない間，民法第787条ただ

し書により認知の訴えが可能か否かは，民法の諸規定が
死後に子が懐胎される事例を想定していないと考えられ
ることから，解釈の分かれるところである。本部会にお
いても，この点について何らかの規律をすべきかを検討
したが，厚生科学審議会生殖補助医療部会においては，
商業主義や親子関係の確定等の観点から問題の生じやす
い配偶子等の提供による生殖補助医療の枠組みが検討項
目とされ，配偶子等の提供によるもの以外の生殖補助医
療一般の法的規律の在り方について，具体的な結論を出
すには至らなかった。この問題については，このような
生殖補助医療をどのように規制するかという医療法制の
在り方を踏まえ，子の福祉，父母の意思への配慮といっ
た観点から慎重な検討が必要になるところ，前述の医療
法制の考え方が不明確なまま，親子法制に関して独自の
規律を定めることは適当ではないと考えられたため，本
部会では上記問題に関して更なる検討は行わないことと
した。

第4　その他

　制度枠組みにおいては，代理懐胎は，人を専ら生殖の手段と
して扱い，第三者である代理母に多大な危険性を負わせる上，
子の出生後にその引渡しをめぐり紛争が生じ，子の福祉に反す
る事態を生ずる可能性があることから，これを禁止し，その有
償あっせん等の行為は罰則を伴う法律で規制する方向である。
　しかし，このような規制に反して，代理懐胎を依頼する夫婦
及び代理母の間で，懐胎及び出産した子の引渡し等を内容とす

る代理懐胎契約が締結された場合，この契約の私法上の効力について何らかの規律をすべきかが問題になる。外国法制の中には，代理懐胎契約を私法上無効と規定するもの（フランス民法第16－7条）がある。

　本試案は，この点について特段の法的規律をしないこととしている。その理由は，代理懐胎については，前述のとおり，人を専ら生殖の手段として扱い，代理母の身体に多大な危険性を負わせるもので，後に子の引渡をめぐる紛争が生じ，子の福祉に反する事態を生ずるおそれがあることから，その有償あっせん等の行為が罰則を伴う法律により規制される方向であり，代理懐胎契約については，特にこれを無効とする規律を置かなくても，民法上，公序良俗に違反して無効（第90条）となると考えられるからである。もっとも，このような代理懐胎契約が現実に締結され，子が出生した場合の母子関係については，本試案第1の規律が適用されることになり，父子関係については現行民法の解釈にゆだねられることになると考えられる。

以上が「精子・卵子・胚の提供等による生殖補助医療により出生した子の親子関係に関する民法の特例に関する要綱中間試案」及び中間試案の補足説明の内容である。

　改めて要綱中間試案の内容をまとめると以下のようになる。

①　女性が自己以外の女性の卵子（その卵子に由来する胚を含む。）を用いた生殖補助医療により子を懐胎し，出産したときは，その出産した女性を子の母とする。

②　妻が夫の同意を得て，夫以外の男性の精子（その精子に由来

する胚を含む。以下同じ。）を用いた生殖補助医療により子を懐胎したときは，その夫を子の父とする。

③　制度枠組みの中で行われる生殖補助医療のために精子を提供した者は，その精子を用いた生殖補助医療により女性が懐胎した子を認知することができない。

④　民法第787条の認知の訴えは，制度枠組みの中で行われる生殖補助医療のために精子を提供した者に対しては，提起することができない。

⑤　自己の意思に反してその精子が生殖補助医療に用いられた者が生まれた子を認知することも，その者に対して認知の訴えを提起することもできない。

　蛇足ながら若干敷衍すれば，母子関係については出産した女性を母とするものとしている。これは従来のルールを踏襲したものと言えよう。外国の法制のところでも見たとおり，外国においても同様の考え方が多いと言えよう。出産という外形的な事実にかからせることによって母子関係の成立を明確にすることに利点の一つがあると言えよう。また，このように考えることによって，自然懐胎による子どもとできるだけ同様に取り扱うことができることも理由の一つと言えよう。

　父子関係については，夫の同意に父子関係成立の根拠を求めた。つまり，精子提供による妻の懐胎に同意した夫は，出生した子を自らの子としてその子を引き受ける意思を有しているので，同意した夫を父とし，親としての責任を負わせるのが相当であると考えられたものであろう。

　また，中間試案では，前記のとおり，精子を提供した男性は，子

を認知できないものとしている。しかし，これはある種当然の考え方と言えよう。生殖補助医療を受けることができるのは制度枠組みでは「法律上の夫婦」に限定されているが，その場合に夫が同意していれば，その子は，自動的に夫婦の嫡出子となることになり，その子に対して「認知の訴え」は考えられないからである。いずれにしても，精子の提供者は，出生した子の父となる意思はないのであるから，第三者が父となることは子の福祉にも反することになり，要綱試案の立場は妥当というべきであろう。この場合はやはり夫の同意の存在の担保方法と精子提供者の「父」とはならない意思の確実な担保方法が策定されるべきであろう。

　なお，代理懐胎については，制度枠組みにおいては，これを禁止し，その有償あっせん等の行為は罰則を伴う法律で規制する方向である。しかし，このような規制に反して，代理懐胎を依頼する夫婦及び代理母の間で，懐胎及び出産した子の引渡し等を内容とする代理懐胎契約が締結された場合（その可能性は極めて高い）この契約の私法上の効力について何らかの規律をすべきかどうかが問題となるが，要綱試案ではこれについて特段の法的規律をしないこととしている。その理由は，代理懐胎契約については，特にこれを無効とする規律を置かなくても，民法上，公序良俗違反で無効（民90条）となると解されるからであると説明されている。しかし，このような論理をもってしても，代理懐胎契約が現実に締結され，子が出生することはあり得ることであるが，その場合の出生した子の母子関係については要綱中間試案第1の規律（つまりは出産した女性が母）が適用されることになり，父子関係については現行民法の解釈に委ねられることになると考えられる，とされている。しかし，こ

の点については前記のとおり，代理懐胎の例外的容認も含めてさらなる検討がされるべきであろう。将来策定される制度枠組み自体が代理懐胎の場合の対応に変化が生じる可能性もあり，その意味での再検討に期待したい。

　いずれにしても，要綱中間試案はその補足説明と併せて読むと実に慎重かつ論理的で丁寧な内容となっているように思われる。

⑨ 「対外報告　代理懐胎を中心とする生殖補助医療の課題―社会的合意に向けて―」（平成20年（2008年）4月8日，日本学術会議・生殖補助医療の在り方検討委員会）の概要

1 はじめに

　平成18年11月30日，法務大臣と厚生労働大臣は連名で，日本学術会議会長あてに「生殖補助医療をめぐる諸問題に関する審議の依頼」を行った。これは，生殖補助医療の在り方，生殖補助医療により出生した子の法律上の取扱いについて，以前から多くの議論が提起されていたところ，平成18年（2006年）に，代理懐胎による子の出生届の受理をめぐる裁判や，ある医師による代理懐胎の実施公表等があり，これらが大きな話題となり，代理懐胎についての明確な方向づけを行うべきという国民の声が高まってもいた。政府においては，かねてから，この問題について関係審議会等で検討してきたところであるが，この問題が，直接的には医療，法律の問題とはいえ，生命倫理など幅広い問題を含むことから，医療や法律の専門家だけでの議論には限界がある極めて困難な問題であるという認識のもとに，法務・厚生労働の両大臣は，これらの問題について，学術に関する各界の最高の有識者で構成されている日本学術会議におい

て，代理懐胎を中心に生殖補助医療をめぐる問題について各般の観点からの審議を要請しその結果についての意見回報を求めたものである。

　この要請に対して，日本学術会議は，生殖補助医療をめぐる諸問題について，生殖補助医療の在り方検討委員会を立ち上げ，同委員会は1年3か月にわたり検討を続けてきた。法務・厚生労働両大臣の依頼の趣旨にも代理懐胎の問題を中心にという意向もあり，その問題にかなりのエネルギーが費やされたようである。そして，平成20年4月16日付けで法務大臣に対して審議の依頼に対する回答が「提言」を含めてなされている。また，この提言に至る審議結果については，「対外報告　代理懐胎を中心とする生殖補助医療の課題—社会的合意に向けて—」（平成20年4月8日日本学術会議　生殖補助医療の在り方検討委員会）としてまとめられている。

2　日本学術会議から法務省になされた回答（提言）

　最初に日本学術会議から法務大臣あてに回答された「提言」の内容を紹介することにしよう。

生殖補助医療をめぐる諸問題に関する提言

　我が国においては，代理懐胎の実態は客観的に把握されておらず，その安全性，確実性，さらに生まれた子の長期予後などは不明であり，医学的情報は欠如しているといってよい。一方で妊娠・出産という身体的・精神的負担やリスクを代理懐胎者に負わせるという倫理的問題や人間の尊厳に関わる問題，母子関係をめぐる法的側面などについて巷間様々の議論があるものの，社会的な合意が得ら

れているとは言い難い。これまで行政庁や学会，専門家による検討も進められてきたが，法制化には至っておらず，そのような中で代理懐胎が一部の医師により進められており，また渡航して行われる事例も増加している。

　このような状況を踏まえて，以下のことを提言する。

(1)　代理懐胎については，現状のまま放置することは許されず，規制が必要である。規制は法律によるべきであり，例えば，生殖補助医療法（仮称）のような新たな立法が必要と考えられ，それに基づいて当面，代理懐胎は原則禁止とすることが望ましい。

(2)　営利目的で行われる代理懐胎には，処罰をもって臨む。処罰は，施行医，斡旋者，依頼者を対象とする。

(3)　母体の保護や生まれる子の権利・福祉を尊重するとともに，代理懐胎の医学的問題，具体的には懐胎者や胎児・子に及ぼす危険性のチェック，特に出生後の子の精神的発達などに関する長期的観察の必要性，さらに倫理的，法的，社会的問題など起こり得る弊害を把握する必要性にかんがみ，先天的に子宮をもたない女性及び治療として子宮の摘出を受けた女性（絶対的適応の例）に対象を限定した，厳重な管理の下での代理懐胎の試行的実施（臨床試験）は考慮されてよい。

(4)　試行に当たっては，登録，追跡調査，指導，評価などの業務を公正に行う公的運営機関を設立すべきである。その構成員は，医療，福祉，法律，カウンセリングなどの専門家とする。一定期間後に代理懐胎の医学的安全性や社会的・倫理的妥当性などについて十分に検討した上で，問題がなければ法を改正して一定のガイドラインの下に容認する。弊害が多ければ試行を中止する。

⑸　親子関係については，代理懐胎者を母とする。試行の場合も同じとする。外国に渡航して行われた場合についても，これに準ずる。

⑹　代理懐胎を依頼した夫婦と生まれた子については，養子縁組または特別養子縁組によって親子関係を定立する。試行の場合も同じとする。外国に渡航して行われた場合についても，これに準ずる。

⑺　出自を知る権利については，子の福祉を重視する観点から最大限に尊重すべきであるが，それにはまず長年行われてきたAIDの場合などについて十分検討した上で，代理懐胎の場合を判断すべきであり，今後の重要な検討課題である。

⑻　卵子提供の場合や夫の死後凍結精子による懐胎など議論が尽くされていない課題があり，また，今後，新たに問題が将来出現する可能性もあるので，引き続き生殖補助医療について検討していくことが必要である。

⑼　生命倫理に関する諸問題については，その重要性にかんがみ，公的研究機関を創設するとともに，新たに公的な常設の委員会を設置し，政策の立案なども含め，処理していくことが望ましい。

⑽　代理懐胎をはじめとする生殖補助医療について議論する際には，生まれる子の福祉を最優先とすべきである。

3　「提言」のなされた背景と内容

　前記の「生殖補助医療部会報告書」と「親子法制部会要綱中間試案」は，いずれも平成15年に公表されたものである。今から18年前である。しかし，学術会議の「対外報告」は平成20年４月に公表されたものである。当然のことながら，前記の報告書と中間試案より

144

もより新しい生殖補助医療に関する情報，研究成果，関係する裁判
例等が審議検討の前提となっているものと思われる。ただ，対外報
告はそのタイトルからも窺われるようにその中心は「代理懐胎」に
検討の軸足が置かれている。それは「我が国においては，代理懐胎
の実態が客観的に把握されておらず，医学的安全性，確実性，生ま
れた子への長期に渡る影響などは不明である。一方で，代理懐胎に
関しては，妊娠・出産という身体的・精神的負担やリスクを第三者
に負わせるという倫理的問題，母子関係をめぐる法的問題などにつ
いても，様々な議論がある。これまで行政庁や学会，専門家による
検討も進められてきたが，法制化には至っていない。そのような状
況の下で，代理懐胎が一部の医師により進められており，また渡航
して行われる事例も増加している。」，このような問題意識から代理
懐胎の規制の是非について，医学的側面，倫理的・社会的側面，法
的側面から詳細な検討が行われた結果が，前記の「提言」に結びつ
いているわけである。

　この「提言」の中で特筆すべき，代理懐胎について法律による規
制の必要性を説いていることと，代理懐胎は原則禁止とする立場を
採りながら，先天的に子宮を持たない女性及び治療として子宮の摘
出を受けた女性に対象を限定した，厳重な管理の下での代理懐胎の
試行的実施（臨床試験）は考慮されてよい，とした点である。

　この点についての「対外報告」の考えをもう少し敷衍しておこう。
報告は，依頼者，代理懐胎者，医療者という当事者間の契約によっ
て，一定範囲において，代理懐胎を自由に行い得るとすることは妥
当でないのであり，このような意味での「部分的許容」という考え
方をとるべきではない，と基本的立場を明らかにした上で，代理懐

145

胎の試行的実施について以下のように述べている。

「他方で，代理懐胎を，公的管理の下に厳格な要件を付けて限定的，試行的に実施することは，考慮の余地があると思われる。このような方法により，出生する子，代理懐胎者，依頼者の利益と福祉を最大限守りつつ，関係者及びその家族，さらには社会に対して，代理懐胎がどのような結果をもたらすかを明らかにすることができる。また，子宮内環境が着床や胚発生に及ぼす影響についての基礎的研究，周産期の母体と胎児の管理，さまざまな疾患罹患者における妊娠の安全性確保，生まれた子の心身に対する長期的影響などについても，科学的信頼度の高い情報が得られるであろう。

代理懐胎は，妊娠・出産に不可避的に伴うリスクと負担を代理懐胎者に負わせるものである。これは，代理懐胎者が承諾していたとしても，社会的にはそのまま認めてしまうことはできないものであり，このことが代理懐胎を禁止する重大な論拠であることはすでに述べたところである。しかし，代理懐胎者が積極的に承諾し，公的機関が一定の要件の下でその実施を承認するときには，これは社会も是認するものとなろう。他方では，日本はもちろん国外においても，代理懐胎とそれによって生まれた子の心身に対する長期的影響を含めた科学的信頼度の高いデータは少ない。そのような状況では，公的管理の下に，厳格な要件を付けて限定的，試行的に代理懐胎を実施し，さまざまな分野の関係者が協力して，生殖補助医療としての代理懐胎を検証することが必要と考えられる。その結果をまって，代理懐胎についての政策的判断を改めて下すべきである。」

対外報告が，代理懐胎の試行的実施についてこれほどまでに慎重かつ厳格な態度を見せるのは，このようにすれば，十分な議論もな

く，代理懐胎がなし崩し的に拡大することを防止し得ると考えたからにほかならない。逆に言えば，代理懐胎のような生殖補助医療を実施する場合にはあらかじめこれほどの事前の検証を行い，科学的データもそろえた上で実施の可否を決めることが本来的に期待されている性質のものであることを示すものにほかならない。問題はそこでいう試行的実施の実現に果たして至ることができるかどうかであろう。議論倒れにならないことを祈るばかりである。同時に代理懐胎の場合の出生児についての親子関係についても根本から見直すくらいの再検討も期待したい。なによりも「親」になる意思の全くない女性をして「母」と規定することの奇妙さを克服するような論理が欲しいと思う。

⑩　子宮移植容認論について—新たな問題の提起（「日本医学会子宮移植倫理に関する検討委員会報告書」から）

　本稿の冒頭にも記したとおり，令和３年（2021年）７月15日の新聞報道で，「子宮移植容認を決定」と題する記事を見て大変衝撃を受けたものである。丁度，本稿の執筆中であったから余計に驚いたのである。生殖補助医療の具体的手段にはいろいろあるが，現今最も問題となっているのは「代理懐胎」容認の是非であろうか。ところが，子宮のない人が出産できるようにする子宮移植が日本においても実施に向けて動き出したのである。子宮のない人が子どもを持つには，これまでは養子縁組か代理出産が選択肢であった。しかもそのうちの代理出産については前項の日本学術会議の検討委員会での議論でもやっと試行的実施が厳格な要件設定を前提に提案されている段階であり，その帰趨は未知数である。そういう時に子宮移植

の問題の登場である。これがいわゆる生殖補助医療の範疇に入る問題であるかどうかは素人である筆者には確信はないが，それが養子縁組，代理出産に続く第三の選択肢とされているところを見れば，生殖補助医療の一つという評価は可能であろう。

　以下では，参考までに，2021年7月14日付けの日本医学会の「子宮移植倫理に関する検討委員会の報告書」に基づいて主たる問題の概要を紹介することとしたい。

●検討の経緯と基本的方針

　日本医学会は，日本産科婦人科学会及び日本移植学会からの要望を受け，子宮移植を用いて妊娠・出産を目指す医療の実施について，医学的・倫理的・法的・社会的観点から検討するため，本委員会を設置し2019年4月より13回の委員会を開催してきた。

　本委員会は，子宮移植が，わが国でも容認できるかを検討するにあたり，子宮性不妊症患者に対する医療全般の中における子宮移植の意義について考察を行うとともに，子宮移植は，従来の移植医療や生殖補助医療の単純な延長線上にはないことに留意することを基本的な考えとした。

　生体からの臓器移植は，やむを得ない場合に例外として実施されるものとして容認されてきた潮流の中で，生体からの子宮移植が，果たして容認できるのかについて慎重に検討した。さらに，脳死体から提供されうる臓器中に子宮は含まれないことを指摘し，その対応についても検討した。

　あらゆる医療行為にリスクはつきまとうが，得られる利益がリスクを上回る場合に，その医療行為は患者・関係者の同意を得て

実施される。従って，検討の前段階として，医学的・倫理的・法的・社会的観点から，子宮移植に関するリスク・課題・問題点を整理し，加えて，子宮移植によって得られる利益についても整理する必要があると考えた。

●「子宮移植」の実施報告例

2021年3月時点のまとめによると以下のようになっている。

・実施例	85例（16カ国19施設）
・妊娠確認	70例
・出産	40例（米国17，スウェーデン11，チェコ3，ドイツ2，中国，ブラジル，セルビア，インド，トルコ，レバノン，フランス各1）
・生体ドナー	63例，28人のレシピエントが児32人を出産
・脳死ドナー	22例，8人のレシピエントが児8人を出産

●子宮移植に伴うリスク

生体ドナーのリスク

平均手術時間：8時間42分，平均出血量：499㎖，平均入院日数：6.5日（海外の調査）

・摘出後の子宮が機能を回復できるようにするため慎重に摘出術を行う必要（単純子宮全摘術に比べて負担が大きい）
・精神的な面で長期的影響の可能性

レシピエントのリスク

平均手術時間：5時間45分，平均出血量：532㎖，平均入院日数：

9.7日 （海外の調査）

① 移植された子宮が生着しない可能性

② 移植中は免疫抑制薬を服用

③ 拒絶反応が強ければ，強力な免疫抑制薬の必要（胎児への影響は不明）

④ 拒絶反応が制御できなければ，妊娠継続の断念，移植子宮摘出の可能性

⑤ 拒絶反応以外に一般的な妊娠・出産に伴う危険が存在

・妊娠・出産に至らなかった場合の精神的な苦痛の可能性

児のリスク

・胎盤を介して免疫抑制薬の影響（3種類の免疫抑制薬は胎児への影響が少ないとされ，妊娠中の使用が認可されている。）

・強い拒絶反応が生じて，強力な免疫抑制薬を使用する必要が生じた場合，胎児への重大な影響の可能性は否定できない。

・長期的な身体的・精神的影響については，まだ十分なデータなし

● 脳死ドナーからの子宮移植に固有の課題

※ 生命維持に必須の臓器が優先して摘出されると考えられるため，子宮摘出までに時間が経過し組織傷害が進む可能性がある。

※ 脳死ドナーからの子宮が，移植後に妊娠・出産機能を確実に回復するかを見極める研究が進んでいない。

※ わが国では脳死ドナーからの臓器提供・移植が少数例に留まっている[注]ため，適切な時期に計画的な子宮の移植・妊娠出産を行うことの困難さが予想される。

※ 子宮移植を希望するレシピエントが複数いる場合に，移植順

位を決定するための方法など子宮移植手続きに関する制度を整
備する必要がある。

（注）公益社団法人日本臓器移植ネットワークの脳死下臓器提供事例調査
　　　によると20歳代から50歳代までの女性について2011〜2020年の年平均
　　　事例数は17.6件

●代理懐胎について（参考）

　※　代理懐胎は，人（代理懐胎者）を生殖の道具として用いる点
　　に倫理的問題があるとされるほかに，妊娠・出産に伴うリスク
　　を代理懐胎者に負わせるという観点などから，国内の議論では
　　否定的な意見が強かった。

　※　日本学術会議は，先天性あるいは後天性子宮性不妊症患者に
　　限定して，「試行的実施（臨床試験）は考慮されてよい」との
　　見解を2008年に示しているが，実施には至っていない。

　※　医学的に，高齢になる程，妊娠・出産に関連するリスク（前
　　置胎盤，妊娠高血圧症候群など）が増加するエビデンスがあり，
　　代理懐胎者には実質的な年齢制限が存在する。

　※　他者の卵子により懐胎をする女性に見られるリスクも報告さ
　　れている。

　※　患者（依頼者）およびそのパートナーと産児との間には法律
　　上の親子関係は当然には形成されない。

　※　懐胎・分娩に関わる医療行為について，代理懐胎者以外に依
　　頼者の意思が介在することにより，医療の場での混乱が生じる
　　可能性がある。

●養子縁組について（参考）

※　特別養子縁組は，1987年民法改正によって導入された制度であり，普通養子縁組では実親子関係が残るのに対して，実親子関係が終了（断絶）するという違いがある。

※　特別養子縁組は，あくまで子どもたちの福祉のための制度であり，不妊治療のオルタナティブ・代替と捉えられることを子どもたちは望んでいないとの見解が専門家から示された。

※　特別養子縁組を含めて養子縁組と子宮移植のどちらが良いという比較はできない。どちらを選択するかは，当該カップルが子を持つことについてどのように考えるかにかかる問題である。

●総合的な診断・治療・ケアの必要性

※　先天的に子宮を持たない女性に対する治療として，子宮移植だけを解決策と考えることは不十分である。

※　先天的に子宮を持たないことの診断の告知が当該女性及び母親など近親家族に与える衝撃は甚大である。

※　医師からの告知のあり方，告知後の精神的なサポート，及びカウンセリング（ジェンダーの視点を伴って自己肯定や多様な生き方を知るなどのカウンセリング）の確立・整備は極めて重要・不可欠であり，それらによって，自身の身体の状態，その後の生き方，また子宮移植に対する考え方などが変わる可能性がある。

※　多角的・総合的な診断・治療なくして，子宮移植だけを切り離して考えることはできず，医療および社会が患者の人格を総合的にサポートする体制を確立することが求められている。

※　本委員会は，ロキタンスキー症候群と診断された場合の当該女性及び家族に対する総合的な診断・治療・ケアのあり方につ

いて関係学会をあげて直ちに対策を進めるよう要請する。

●総合的な議論
※脳死体からの子宮移植
・移植医療の基本とされるが，脳死ドナーからの子宮移植には課題が多く（前述）その体制整備には，相当程度の期間が必要とされる。

※生体子宮移植
・全ての関係者に重大なリスクが伴うため，意思確認について極めて慎重な対応が必要。
・事前に時間をかけて子宮移植適格条件などの医学的・倫理的検討を行うことが可能。
・子宮移植及びそれに続く妊娠・出産を計画的に準備・実施できる。
・一定の確率で挙児し得る（海外の報告）。
・子宮性不妊症患者が，妊娠出産して法律上の実子を得る唯一の方法。
・先天的に子宮を持たない女性らから，子宮移植実施に希望が示されている。

※委員会内の総合的な議論
・現時点は子宮移植を実施する環境にない，仮に子宮移植実施を許容するとしても，臨床研究の段階には，脳死ドナーからの移植に限るべきだという意見（2名の委員）
・生体からの移植が，移植医療の基本ではないことに留意するものの，関係当事者が，生体移植に伴うリスクや課題を十分

に理解した上で，生体子宮移植を選択し，臨床研究として実施したいとする意思がある場合に，敢えてそれを抑えて，実施を排除することまでは，できないのではないかとの意見（その他の委員）

───────── 議論のまとめ ─────────

※　多数意見に基づき，最善の準備を整えたうえで，生体からの子宮移植を，症例数を少数に限定して，臨床研究として実施することを容認することとし，実施における基本的な考え方・条件を提示する。

※　臨床研究を進める際の前提として，先天的に子宮を持たない女性に関する総合的な診断・治療・ケアのあり方に対する対策を関係学会に要請する。

※　脳死体からの子宮移植を可能とする法令改正を関係当局及び各関係方面に提言する。（子宮移植に伴う臓器売買を抑止するためにも必要）

●臨床研究実施に関する基本的考え方

※　生体子宮移植は，ドナー・レシピエント・生まれてくる児に対する短期的・長期的な影響・リスクが十分明らかにされていない未成熟な医療技術であり，重大な倫理的課題が残されている。

※　さらに，子宮移植の実施許容は，子宮を持たない女性に対して，何としても児を産むべきだとする家族内の圧力や，子どもを産むことが女性にとって必須の役割と看做す社会的な圧力を増す可能性がある。

※　子宮移植の実施許容の際には，これらの問題を回避するべく，総合的なサポート体制を充実し，ライフステージに合わせた治療・支援を享受できる環境を整備し，個人の選択を尊重する社会環境の醸成，子宮移植の実施が子どもを産めない／または産まない女性の不利益・差別に繋がらないような配慮と対策が必要である。

●臨床研究実施の基本的条件
①ドナーが満たすべき条件
※　子宮摘出術に耐える体力，移植後の子宮の妊娠可能性が高いこと，今後妊娠・出産を希望していないこと。
※　ドナーの自由意思の確保が大前提。
※　女性がドナーにならざるを得ないこと，子宮が生命維持に不可欠な臓器ではないこと，ジェンダー規範による影響への配慮が必要であることなど，子宮移植固有の問題が存在するので，提供者の範囲，自由意思の確保について，一層慎重な配慮が必要。
②レシピエントが満たすべき条件
※　子宮性不妊症患者（先天性，後天性）。
※　子宮移植に伴うリスクについて説明を受け理解した上で同意していること。
※　パートナーの理解と協力が継続して得られること。
※　体外受精胚移植で妊娠可能な胚が得られること。
※　子宮移植を行えば，自らの児を妊娠・出産できる可能性が高い（概ね40歳以下である）こと。
※身体的及び精神的に子宮移植術及びその後の妊娠・出産・育児に耐えられる健康状態であること。

臨床研究実施の基本的条件

③自由意思の確認

※　子宮移植全体の俯瞰的な説明，子宮摘出・移植術の危険性，術後合併症の可能性，移植の過程で起こる様々な問題についての十分な説明，有害事象発生時の対応についての説明など，全ての関係者が治療上の決定を下すために必要とされる全情報の開示。

※　子宮移植の現状は技術的に未成熟であることを明確に伝達し，ドナー，レシピエント，パートナーなど臨床研究参加者が告知された事項を十分に理解した上で，意思決定をしていることを確認。

※　ドナーについては，子宮提供が自由意思に基づき行われること，ドナー候補に対する報酬支払いを含めた他者からの圧力・影響力行使が排除されること，並びに，ドナーが自発的に無償提供に同意していることが必須条件。

※　レシピエントについても，自由意思で子宮移植を望んでいることの確認が必須であり，パートナーについても同様。

※　他者からの圧力を排除するため，意思確認は可能なかぎり個別に行う。

※　医師を含む「コーディネーター」，「カウンセラー」からなる意思確認体制の確立。

※　子宮移植実施機関とは異なる機関に所属する自由意思確認者の追加を考慮する必要。

※　移植実施機関は，ドナー・レシピエント・児に対する長期的なカウンセリング体制を確立・整備。

　　以上が日本医学会子宮移植倫理に関する検討委員会の報告書の概

要から引用したものである。それを読んでもこの子宮移植という医療が限りなくハードルの高い困難かつ危険な要素を内包している問題であることがわかるのである。子宮を誰から移植するのかというスタートの問題からして，基本的には脳死の人からの臓器提供が移植医療の原点と位置づけているが，現在，臓器移植法は脳死の人からの子宮の提供は認めていない。そこで，少数の患者に限った臨床研究で，健康な人が子宮を提供する生体移植を容認したものである。現段階ではあくまでも臨床研究の計画段階であり，その成果が出るまでにはかなりの年数を必要としているように思われる。しかし，生殖補助医療の一類型として代理懐胎と並んで果たして国として容認できるものかどうかは予断を許さない。その意味で今後の成り行きには十分に注視していく必要があろう。検討委員会の報告書の内容からは委員会がかなりシビアに多角的に基本理念を定立しその具体化に考慮していることが窺われるので，日本学術会議が提唱している代理懐胎の試行的実施とともにそれが実現された暁になされるであろう検証とその評価に注目したいと思う。

11　生殖補助医療の提供等及びこれにより出生した子の親子関係に関する民法の特例に関する法律について

1　はじめに

　令和 2 年12月 4 日，第203回国会において，議員立法である「生殖補助医療の提供等及びこれにより出生した子の親子関係に関する民法の特例に関する法律」（令和 2 年法律第76号）が成立し，同月11日に公布された。この法律は，原則として，公布の日から起算して 3 か月を経過した日（令和 3 年 3 月11日）から施行するものとさ

れているが，3章（9条・10条）に定める民法の特例に関する規定
は，公布の日から起算して1年を経過した日（令和3年12月11日）
から施行するものとされている（附則1条）。

　生殖補助医療に関する法制化の作業が平成17年ころに生殖補助医
療の範囲，運用方針，生殖補助医療によって生まれた子の親子関係
等について関係政府機関においてかなり進み立法化への一歩手前と
言ってよいくらいまで検討作業が進んでいたにもかかわらずその後
なぜかその動きが止まってしまっていることは既に詳しく述べたと
ころである。そうした状況の中で唯一生殖補助医療に関して行われ
た立法がこの議員立法なのである。以下においては，この法律の内
容について説明してみたい。

2　この法律の構成と法文について

　最初にまずこの法律の全体の法文を紹介することにしよう。

生殖補助医療の提供等及びこれにより出生した子の親子関係に関す
る民法の特例に関する法律（令和2年法律第76号）

第1章　総則

（趣旨）

第1条　この法律は，生殖補助医療をめぐる現状等に鑑み，生
　　殖補助医療の提供等に関し，基本理念を明らかにし，並びに
　　国及び医療関係者の責務並びに国が講ずべき措置について定
　　めるとともに，生殖補助医療の提供を受ける者以外の者の卵
　　子又は精子を用いた生殖補助医療により出生した子の親子関
　　係に関し，民法（明治29年法律第89号）の特例を定めるもの

とする。

（定義）

第2条　この法律において「生殖補助医療」とは，人工授精又は体外受精若しくは体外受精胚移植を用いた医療をいう。

二　前項において，「人工授精」とは，男性から提供され，処置された精子を，女性の生殖器に注入することをいい，「体外受精」とは，女性の卵巣から採取され，処置された未受精卵を，男性から提供され，処置された精子により受精させることをいい，「体外受精胚移植」とは，体外受精により生じた胚を女性の子宮に移植することをいう。

第2章　生殖補助医療の提供等

（基本理念）

第3条　生殖補助医療は，不妊治療として、その提供を受ける者の心身の状況等に応じて，適切に行われるようにするとともに，これにより懐胎及び出産をすることとなる女性の健康の保護が図られなければならない。

二　生殖補助医療の実施に当たっては，必要かつ適切な説明が行われ，各当事者の十分な理解を得た上で，その意思に基づいて行われるようにしなければならない。

三　生殖補助医療に用いられる精子又は卵子の採取，管理等については，それらの安全性が確保されるようにしなければならない。

四　生殖補助医療により生まれる子については，心身ともに健やかに生まれ，かつ，育つことができるよう必要な配慮がなされるものとする。

（国の責務）

第4条　国は，前条の基本理念を踏まえ，生殖補助医療の適切
な提供等を確保するための施策を総合的に策定し，及び実施
する責務を有する。

二　国は，前項の施策の策定及び実施に当たっては，生殖補助
医療の特性等に鑑み，生命倫理に配慮するとともに，国民の
理解を得るよう努めなければならない。

（医療関係者の責務）

第5条　医師その他の医療関係者は，第3条の基本理念を踏ま
え，良質かつ適切な生殖補助医療を提供するよう努めなけれ
ばならない。

（知識の普及等）

第6条　国は，広報活動，教育活動等を通じて，妊娠及び出産
並びに不妊治療に関する正しい知識の普及及び啓発に努めな
ければならない。

（相談体制の整備）

第7条　国は，生殖補助医療の提供を受けようとする者，その
提供を受けた者，生殖補助医療により生まれた子等からの生
殖補助医療，子の成育等に関連する各種の相談に応ずること
ができるよう，必要な相談体制の整備を図らなければならな
い。

（法制上の措置等）

第8条　国は，この章の規定に基づき，生殖補助医療の適切な
提供等を確保するために必要な法制上の措置その他の措置を
講じなければならない。

第3章　生殖補助医療により出生した子の親子関係に関する民法の特例

（他人の卵子を用いた生殖補助医療により出生した子の母）

第9条　女性が自己以外の女性の卵子（その卵子に由来する胚を含む。）を用いた生殖補助医療により子を懐胎し，出産したときは，その出産をした女性をその子の母とする。

（他人の精子を用いる生殖補助医療に同意をした夫による嫡出の否認の禁止）

第10条　妻が，夫の同意を得て，夫以外の男性の精子（その精子に由来する胚を含む。）を用いた生殖補助医療により懐胎した子については，夫は，民法774条の規定にかかわらず，その子が嫡出であることを否認することができない。

附則

（施行期日）

第1条　この法律は，公布の日から起算して3月を経過した日から施行する。ただし，第三章の規定は，公布の日から起算して1年を経過した日から施行する。

（経過措置）

第2条　第三章の規定は，前条ただし書に定める日以後に生殖補助医療により出生した子について適用する。

（検討）

第3条　生殖補助医療の適切な提供等を確保するための次に掲げる事項その他必要な事項については，おおむね2年を目途として，検討が加えられ，その結果に基づいて法制上の措置その他の必要な措置が講ぜられるものとする。

1　生殖補助医療及びその提供に関する規制の在り方

　　2　生殖補助医療に用いられる精子，卵子又は胚の提供（医

　　　療機関による供給を含む。）又はあっせんに関する規制

　　　（これらの適正なあっせんのための仕組みの整備を含む。）

　　　の在り方

　　3　他人の精子又は卵子を用いた生殖補助医療の提供を受け

　　　た者，当該生殖補助医療に用いられた精子又は卵子の提供

　　　者及び当該生殖補助医療により生まれた子に関する情報の

　　　保存及び管理，開示等に関する制度の在り方

　二　前項の検討に当たっては，両議院の常任委員会の合同審査

　　会の制度の活用等を通じて，幅広くかつ着実に検討を行うよ

　　うにするものとする。

　三　第一項の検討の結果を踏まえ，この法律の規定について，

　　認められることとなる生殖補助医療に応じ当該生殖補助医療

　　により出生した子の親子関係を安定的に成立させる観点から

　　第3章の規定の特例を設けることも含めて検討が加えられ，

　　その結果に基づいて必要な法制上の措置が講ぜられるものと

　　する。

3　この法律の概要

　前記のこの法律（以下では,「生殖補助医療民法特例法」という。）
は法文を見ていただければ容易にわかることであるが，「第1章
総則」「第2章　生殖補助医療の提供等」及び「第3章　生殖補
医療により出生した子の親子関係に関する民法の特例」の3章10か
条からなっている。要するに，この法律の目的は，生殖補助医療の

提供等に関する基本理念を明らかにして，国及び医療関係者の責務
や国が講ずべき措置と，第三者の卵子又は精子を用いた生殖補助医
療により出生した子の親子関係に関する民法の特例について定める
ことにある（第1条参照）。この趣旨に基づいて第2条から第8条
までに，①「生殖補助医療」の定義，②「基本理念」③「国の責
務」④「医療関係者の責務」⑤「知識の普及」⑥「相談体制の整
備」⑦「法制上の措置」について規定を設けているのである。これ
らの法文をお読みいただければわかるようにこれらの規定内容は，
基本理念や国の責務といった理念が中心であることが理解し得る。

　重要と思われるのは**第3章と附則の第3条**である。以下ではこの
二つの部分について触れてみることにしたい。しかし，その前にこ
の法律が議員立法という形でこの時期になぜ成立したのかその背景
的事情について少し触れておきたい。

　既にみてきたように生殖補助医療に関する法制化についてはその
医療面の規制の問題とそれらに基づき生まれる出生子の法的親子関
係の定立について，政府機関（厚生労働省・法務省に設置された審
議会等）において審議検討が行われてきた。そして，厚生科学審議
会生殖補助医療部会は平成15年4月に「精子・卵子・胚の提供等に
よる生殖補助医療制度の整備に関する報告書」をとりまとめ，法務
省の法制審議会生殖補助医療関連親子法制部会は，平成15年7月に
「精子・卵子・胚の提供等による生殖補助医療により出生した子の
親子関係に関する民法の特例に関する要綱中間試案」を取りまとめ，
立法化へ大きく前進したのである。

　ところがこうした動きを最後に両部会とも審議を休止しているの
である。なお，こうした動きとは別に，平成25年頃から，自由民主

党及び公明党の各プロジェクトチームにおいて議員立法による法案提出のための検討が開始され，平成28年には「生殖補助医療の提供等及びこれにより出生した子の親子関係に関する民法の特例に関する法律案」が両党で了承され，同法律案については，その後数年間国会に提出されなかったが，令和元年6月ころから，超党派で同法律案の国会提出が目指されていたようである（小川貴裕「生殖補助医療の提供等及びこれにより出生した子の親子関係に関する民法の特例に関する法律（生殖補助医療により出生した子の親子関係に関する民法の特例部分）の概要」（「家庭の法と裁判」32号93頁））。こうした推移を辿りつつ令和2年11月16日「生殖補助医療の提供等及びこれにより出生した子の親子関係に関する民法の特例に関する法律案」が，参議院の議員5名の発議により，第203回国会に提出されたのである。この時期になぜこのような法案が必要なのかについて，発議者の一人から次のような答弁があったという。

「近年，我が国ではいわゆる生殖補助医療の技術が進展し，生殖補助医療を受ける方も増加しておりますが，生殖補助医療については法律上の位置づけがなく，懐胎及び出産をすることとなる女性の健康の保護や当事者の意思の尊重，生まれる子の福祉への配慮といった共有されるべき理念も法定されておりません。また，現に生殖補助医療により生まれた子は相当数に上り，今後も生まれることが見込まれるところ，生殖補助医療により生まれた子の親子関係については，最高裁判例や解釈によって一定の方向性が示されているものの，法律上明確な規律がないため，その子の身分関係が不安定となり，その利益を害するおそれがある状況が続いていると指摘されております。」

　この答弁は当然のことながら，提案された法律案の内容を強く意識したものとなっているようである。もちろん提案された法律案にはそれなりに意味のある内容が盛り込まれてはいるが，生殖補助医療法制としてカバーすることが期待されている分野全版の視点から見れば，今なぜこのようなコンパクトな法案を提出する必要があったのか，いささか理解に苦しむところもないわけではない。まさに拙速そのもののように思われる。それはともかくとしてこの法律の中で前にも触れたように２点だけその内容を確認しておきたい。

　第９条と第10条である。まず第９条から見ていこう。第９条は，「女性が自己以外の女性の卵子（その卵子に由来する胚を含む。）を用いた生殖補助医療により子を懐胎し，出産したときはその出産した女性をその子の母とする。」と規定している。民法上，このような場合の母子関係について直接定めた規定はない。判例には，周知のように嫡出でない子の母子関係については，出産という客観的事実により当然に成立するとする解釈が採られている（最高裁昭和37年４月27日第二小法廷判決・民集第16巻７号1247頁）。また最近も「現行民法の解釈としては，出生した子を懐胎し出産した女性をその子の母と解さざるを得ず，その子を懐胎，出産していない女性との間には，その女性が卵子を提供した場合であっても，母子関係の成立を認めることはできない」と判示した最高裁判例がある（最高裁平成19年３月23日第二小法廷決定・民集第61巻２号619頁）。

　第９条はこうした民法の解釈及び前記最高裁判例を前提に，生殖補助医療により生まれた子の法的母子関係を安定的に成立させる狙いから，子を懐胎し出産した女性がその子の母であることを明確にしたものであろう。ちなみに第９条は，前記の法制審議会生殖補助

医療関連親子法制部会の「精子・卵子・胚の提供等による生殖補助医療により出生した子の親子関係に関する民法の特例に関する要綱中間試案」と同じ内容である。ただし，中間試案は，生殖補助医療の行為規制に関する立法が行われ代理懐胎が禁止されることを前提としたものであったが，生殖補助医療民法特例法第9条は，前掲最高裁平成19年3月23日決定を踏襲しつつ，代理懐胎を明示的に想定した規定ではなく，代理懐胎等生殖補助医療に関する規制について検討が行われ進んだ段階で第9条，第10条の特例を設けることも含めさらに必要な法制上の措置を講ずるとしている点が注目される（附則第3条3項参照）。

　次に第10条である。第10条は，「妻が，夫の同意を得て，夫以外の男性の精子（その精子に由来する胚を含む。）を用いた生殖補助医療により懐胎した子については，夫は，民法第774条の規定にかかわらず，その子が嫡出であることを否認することができない。」いわゆるAID子に関する規定である。法制審議会の親子関係に関する民法の特例に関する要綱中間試案はこの点に関しては実体法的に「同意した夫を子の父とする」としていた。しかし，生殖補助医療民法特例法は前記のとおり，民法の嫡出推定制度を前提に嫡出否認手続の面から夫の同意があることを嫡出否認権の発生障害事由とする規定となっている。この点については法制審議会の親子法制部会における審議においても，「同意した夫は，子が嫡出であることを否認することができない」と手続的に規定する案と，「同意した夫をその子の父とする」と実体的に規定する案が考えられていたようであるが，部会においては，民法の嫡出推定制度との整合性及び子の法的地位の早期安定化を理由に手続的に規定する案の考え方が大

勢を占めていたとされている。

　なお，第10条の適用範囲について，本条が法律上の夫婦にのみ適用され，いわゆる事実婚のカップルには適用されないことは明らかである。事実婚カップルが第三者の提供精子を用いた生殖補助医療により生まれた子の父子関係については解釈に委ねられることになろう。

　それでは最後に附則第3条について触れておきたい。実は本法律の中でもっとも重要な事項についてその在り方を先送りする形ではあるが生殖補助医療関連立法において最も基本的・実際的な部分を構成すべきものと考えられる点についての検討事項等が示されている。附則第3条1項は，本法第8条が国に命じる措置のうち，優先的に取り組み，おおむね2年を目途として法律の制定等の成果を出すべきものを次のとおり例示している。

　※生殖補助医療及びその提供に関する規制の在り方

　※生殖補助医療に用いられる配偶子又は胚の提供又はあっせんに関する規制の在り方

　※他人の配偶子を用いた生殖補助医療の提供を受けた者，当該配偶子の提供者及び生まれた子に関する情報の保存及び管理，開示に関する制度の在り方

　これらは極めて抽象的な表現となっているが，要するに，生殖補助医療法（仮称）ともいうべき生殖補助医療に関する基本法を立法する際にはいずれも避けて通れない事項を含むものであろう。例えば以下のような指摘は正鵠を射ているものと言えよう。

　「その中では，いかなる生殖補助医療が許容されるのか，許容される生殖補助医療について，その実施主体の条件（生殖補助医療を

提供する医療機関の条件，登録の要否など），利用主体の条件（法律上の夫婦に限るのか，事実婚の夫婦や独身女性等含むのか，不妊治療の目的に限るのかなど），各医療行為の実施の手続（利用者に対する説明と同意の手続，同意書の保管方法・期間，精子・卵子・胚の提供者に対する説明と同意の手続，利用者・提供者及び生まれた子に対する情報提供，カウンセリングの在り方，違反した場合の罰則等）をはじめ，様々な論点が検討されるものと思われる。」（小川貴裕前掲97頁）。

　最後に附則第3条3項である。同項は「第1項の検討の結果を踏まえ，この法律の規定について，認められることとなる生殖補助医療に応じ当該生殖補助医療により出生した子の親子関係を安定的に成立させる観点から第3章の規定の特例を設けることも含めて検討が加えられ，その結果に基づいて必要な法制上の措置が講ぜられるものとする。」としている。つまり，第3項は，本法律がいう生殖補助医療の範囲の拡大と，その拡大に応じた第3章の規定の特例を具体的な検討課題として挙げているわけである。特に附則第3条1項の検討において，代理懐胎の可否が検討されることも想定されており，もしも，その検討において代理懐胎を容認することになったような場合は，それによって生まれた子の親子関係について，本法律の特例を定める必要があり，それについての検討も予想されるところである。

　いずれにしても本法律は重い課題を先送りして約2年というタイムリミットを設けて生殖補助医療に関する基本法の法制化に向けて舵を切ったのである。従来の政府機関によるこの問題の検討結果や日本学術会議の提言等がどのように意識され関連づけられているか

はわからない。どこでどのようにこの法律の趣旨が生かされるかは
もちろん現段階では不明である。少なくとも，立法機関としての国
会において主体的な検討が行われるであろうことが意識されている
ことは間違いないと思われる。

　どのような方法であれ，包括的かつ多角的な多様性に配慮した検
討とそれに基づく生殖補助医療関連の包括的な法制化が速やかに実
現することを切に期待したい。

令和３年10月記

親子法をめぐる最近の話題から―記念
講演―

司会　大変お待たせいたしました。これより記念講演に入ります。
本日は「親子法をめぐる最近の話題から」と題しまして，志學館大
学法学部教授澤田省三先生から，お話をお伺いいたします。講演時
間はおおよそ１時間15分を予定しております。どうぞ御静聴くださ
るようお願いいたします。

　ここで，ご講演をいただく前に，澤田先生の略歴を紹介させてい
ただきます。澤田先生は兵庫県のご出身で，昭和36年に法務省入省，
法務大臣官房長付になられた後，東京法務局人権擁護部第二課長，
法務省民事局第二課補佐官などを経て，昭和62年，宮崎産業経営大
学法学部教授，平成10年には鹿児島女子大学文学部教授を歴任され，
平成11年から現職でございます志學館大学法学部教授を務められて
おります。

　さらに，お忙しいなか，全国連合戸籍事務協議会の機関誌であり
ます『戸籍』誌にも，戸籍事務の充実のためたびたびご寄稿をいた
だいております。また，執筆においても，「家族法と戸籍をめぐる
若干の問題」，「夫婦別氏論と戸籍問題」など，多数の著書を上梓し
ておられます。

　それでは澤田先生，よろしくお願いいたします。

　皆さん，こんにちは。ご紹介をいただきました志學館大学の澤田
と申します。
　本日は，21世紀最初の，大変伝統と実績をお持ちの全国連合戸籍

事務協議会総会の席でお話をさせていただく機会をいただきました
ことを，大変光栄に存じております。

　十年一昔なんていうふうに言いますけれども，それにならいます
と私ももう二昔近く前になりましょうか，この会場で3回か4回ぐ
らい，民事局の職員として，この総会のお手伝いをさせていただい
た経験がございます。久しぶりにこの会場に参りまして，先ほどか
ら当時を思い起こして本当に懐かしく，また本当に感無量という感
じで，今，深い感慨に浸っているところでございます。はたして皆
さんのお役に立てるようなお話ができるかどうか，自信はございま
せんけれども，与えられた時間，懸命に務めたいと念じております。
よろしくお願いいたします。

　戸籍行政を取り巻く環境というものも，実は最近大変大きな変化
がございました。その一つが，昨年4月1日から施行されておりま
す，いわゆる地方分権一括法に基づく戸籍法の改正ということがご
ざいました。これは文字どおり釈迦に説法ということになるわけで
すけれども，戸籍事務が今までの国の機関としての市町村長さんに
対する機関委任事務から，市町村によって処理される，いわゆる法
定受託事務に改められたということであります。これによって少な
くとも戸籍事務というものに対する皆さんのより自主的なといいま
すか，あるいは自律的な処理という側面が，今まで以上に重くなっ
てきたのではないかというふうに私は思っているわけであります。

　もちろん，そうは申しましても，戸籍の仕事が民法あるいは戸籍
法，国籍法，そういった法律の解釈，適用を中心とした事務であっ
て，しかもそれが全国統一的な処理を要請されるという性質そのも
のには何の変化もないわけでありますけれども，だからといって，

171

例えば国との関係が実質的には今までと全く何も変わらないという
ふうに言ってしまったのでは，地方分権一括法の趣旨というものは
活かされないのではないかというふうに思うわけであります。そこ
に大きな理念の変化というものがあったということを読み取る必要
があるというふうにも思うわけであります。

　それに加えて，時代の大変激しい変化，国民の意識あるいは価値
観の多様化，あるいは権利意識の高揚，そういうふうな現象はます
ますこれからも顕著になっていくというふうに予想されるわけであ
りますけれども，戸籍事務の運営というものも常にそうした背景と
いうものを意識しながら，制度の維持発展というものを図っていく
ということが期待されているのではないかというふうに思うわけで
あります。

　今回の総会の協議問題を拝見しましても，どのような結論になっ
たかは存じませんけれども，例えば死亡届の届出の資格者の範囲を
もっと広げるべきであるというふうな問題も，まさにこれは少子高
齢化時代というものを反映して，今，独り暮らしが大変ふえている。
単身の世帯と申しますのは，今4世帯に1世帯というふうに言われ
ておりますけれども，そういう背景がやはり背後にある問題だと思
うんです。

　確かに今の戸籍法は，死亡届出の資格者というものを，死亡とい
う事実を現認しやすい人という意味で挙げているのだろうと思うの
でありますけれども，しかし，この規定ができました当時と比べま
すと，家族構成も違っている，あるいは社会関係も大変大きく変わ
っている。そういうことで何かこの辺で手当てが必要ではないかと，
そういうふうな問題意識であろうと思います。

　また，虚偽の創設的な届出，婚姻とか普通養子縁組がその代表的なものでございますけれども，これが届出にかかる当事者の全く関知しないところで届出をされた。そして戸籍の処理がされた後で，これは当然，実体法上無効でありますから，無効の審判なり，あるいは判決，そういうものによって戸籍を訂正する。そうしますとその訂正した事項が後に残る。それはどうも嫌だから，自分には責任はないし，ぜひ再製してほしいというふうな問題も，そういう時代，国民の意識というふうなものをバックに持っている問題であろうと思うんです。

　最近よく新聞なんかで報道されております虚偽の創設的な届出というのは，全くこれは予期できないケースであろうと思います。予測が可能ならば，皆様御承知のように例の不受理の申出というような制度がございますから，これを活用することによってある程度対応できるわけでありますけれども，どうも最近報道されているのはそういうことでは対応できないという事例のようであります。

　確かに戸籍法を見てみましても，届出というのは書面又は口頭ですることができるというふうになっておりますけれども，書面による届出の場合には，創設的な届出の場合でありましても，届書の提出は届出人みずからが持参する必要はないし，郵送でもいいし，あるいは他人に託してもいいというような扱いが今はなされているのだろうと思うのであります。これは確かに届出人の利便というようなことを考えてみますと，それはそれなりに非常に意味があるわけですけれども，しかし，一方，届出にかかる創設的な身分関係の意思の真正の担保というふうな側面で見ますと，若干問題があるのかなという感じもするわけです。

特に婚姻とか養子縁組という人間の基本的な身分関係の秩序を形成するような，そういう大変重大な身分関係の効果を伴うものについて，はたして今のような届出のあり方というのがそれでいいのかどうかということも，そろそろ考え直してもいいのかなというふうな感じもするわけであります。

　自治体によってはいろいろと工夫をなさっているようでありますけれども，いずれにいたしましても，皆さんの前には次から次へと課題が尽きることなく現れてくるわけであります。

　そういったような意味におきまして，こうした総会等で，当面する諸問題につきまして真剣な討議と，それから情報交換というものが行われるということは大変大きな意味があると思います。これからのますますのこの会の発展をお祈りしたいと思うわけであります。

　さて，本日は「親子法をめぐる最近の話題から」というテーマをお出ししました。随分大きなテーマでありますけれども，要するに「親子」というのは一体何だろうかというふうなことを，日常の仕事から少し離れて皆さんと一緒に考えてみたい，そういう問題意識でこのようなテーマを出した次第であります。

　最近の親子法をめぐる二，三の問題を取り出しまして，少しお話をしてみたいというふうに思っております。

　皆さんも御承知のように，今，戸籍に関連しました家族法上の問題として大きくクローズアップされております問題の一つは，親子の問題というふうに言っていいと思うんです。もちろんこれは法的な親子関係という意味でありまして，ここでは実親子関係というものを念頭に考えているわけでありますが，そういうことを少し考えてみたいということであります。

　日常的には法的な親子関係なんていうことは極めて明白で，何も問題はなさそうに見えるわけでありますけれども，必ずしもそうではないというところに問題があるというふうに思っております。

　実の親子関係というものが，自然の血縁関係，いわば血のつながりというふうなものによって成立するというのが，私たち一般の理解でありまして，民法の法律的な枠組みも恐らくそれを基礎に構成されているという点については，ほぼ異論はないというふうに言っていいと思います。

　しかし，同時に，それでは血縁，血のつながりというものの存在が法的な親子関係の成立の唯一の要素かというと，必ずしもそうとは言えないのではないかということも事実でありまして，最初にそれをちょっと押さえておきたいと思うわけです。

　例えば皆さんがよくご承知の民法第772条という条文がありますが，そこでは嫡出の推定の規定があるわけですけれども，嫡出の推定を受ける子につきましては，父による嫡出否認という制度がございます。つまり妻が生んだ子は自分とは親子関係はないというふうに，父子関係の不存在を主張する。つまり一たんは民法が法的な親子関係があるというふうに推定した子供につきまして，その推定を否定するために起こす訴えでありますけれども，これは皆さんもご承知のように，子供が生まれましてから１年以内に訴えを起こさなければいけないということになっております。その期間内にもし父がこの訴えを起こさないで過ぎてしまえば，基本的には，たとえ血縁関係がなくても，法的な父子関係は確定するわけです。

　また，別の条文には，父が生まれた子供の嫡出性を承認しますと，やはりもう否認の権利を失うということも書いてあります。この場

合の承認というのは何かというのは，必ずしもはっきりしておりませんけれども，その場合にも，仮に血縁関係がなくても法的な親子関係の存在は確定するわけであります。

　また，嫡出でない子につきましても，血縁上の父が当然に法的な父親になるわけでは決してないわけです。法的な父子関係というものを成立させるためには，認知ということで，血縁上の父が自分の子であるという意思を届出によって明らかにする必要があるわけであります。

　あるいはまた，任意認知をしない血縁上の父が死亡してしまったというふうなときには，民法の規定を見ますと，死亡後3年を経過しますと，認知の訴えは認められないということにもなっております。この場合には逆にどんなに血縁関係の存在が明々白々の事実でありましても，もはや法的な父子関係を成立させる道はなくなるわけです。

　あるいは，任意認知で，認知の対象になっております子供が既に20歳になっているというときには，その子の承諾が必要だということになっております。つまり血縁上の父親が認知をするというだけではだめで，される子供がそれに対してイエスと言わない限りは法的な親子関係は成立しないということにもなっているわけであります。

　幾つか事例を挙げましたけれども，そういう規定から読み取ることができることは何かと申しますと，民法は血縁上の親子関係と法的な親子関係というものとが必ずしも一致しないということを制度として認めているということが言えると思うんです。では，それはなぜなのかという問題は，ここで触れる余裕はございませんけれど

も，一つだけ言えることは，こういうことだろうと思うんです。

　法的な実親子関係というものは，一つの制度，あるいは一つの社会関係であって，ある人とある人の間に法的な親子関係の成立を認めるか，あるいは認めないか，そういう問題は，子供の立場，あるいは育てる人の立場，あるいは社会全般の意識でありますとか，利害でありますとか，あるいは養子制度の位置付け，そういった非常に幅広い視点から判断されるべき要素を持った事柄であろうと私は考えているわけであります。

　もちろんそうは申しましても，そこで考慮されるべき要素にはおのずから軽重があることは当然であろうと思います。そして，そのメインになっているのが血縁関係の存在であるというふうに言えるわけでありますが，しかし，血縁関係の存在という物差し一つだけでは，現代の法的な実親子関係の問題を論じることは必ずしも十分ではないという状況に来ているのではないかというふうに思うわけであります。

　そういう法的な親子関係の内実というものをどういうふうに考えるべきか，そういう根本的な問いかけが今日幾つかの場面で問題提起されているというふうに思うわけであります。

　例えば，生殖補助医療，いわゆる人工生殖によって生まれた子供の法的な親子関係というのは一体どうあるべきかというような問題，しかもこれは既に種類によりましてはある程度の実績，既成事実が積み重ねられている問題でもあります。

　あるいは，真実の血縁関係は存在しないけれども，戸籍上，あるいは事実上，相当の期間にわたって親子としての生活事実を築いてきたという場合の親子関係というものをどういうふうに法律的に評

価するかというふうな問題，さらには，民法772条の嫡出推定規定の解釈，運用をめぐる問題，こういったところに象徴的にあらわれているのではないかというふうに思うわけであります。

　もちろんそうした問題の多くは古くて新しい問題として以前から存在していたわけでありますけれども，従来はどちらかと申しますと，主として父は誰か，あるいは父は誰にするのが相当なのか，そういうテーマが中心であったと思うんです。もちろん現在でもそれは大変重要な問題ではありますけれども，現在は例えば生殖補助医療技術の発展によりまして，今度は母は誰かというような問題，これは皆さんが既にご承知のとおり，今まで法律的な母というのは，その子を出産した人，その子を分娩した人というのを我々はごく当然のこととして受け入れてきたわけでありますが，その理由は，分娩をした女性と子供との間に遺伝的あるいは生物学的なつながりが当然にあるということを前提に，そう解釈してきたと思うんです。

　しかし，例えば体外受精というような技術が開発されまして，女性が自分とは全く遺伝的あるいは生物学的なつながりのない子供を出産するということが可能になってまいりますと，これまでの「母」という概念がそこで一つ大きな揺らぎを見せているのではないかというふうなこともありますし，あるいは夫以外の男性の精子を使って妻に人工授精をする。そして妻が子供を出産したというふうな事態は，今度は逆に「父」は一体誰なのかという，これまた新しい問題を提起しているわけです。そういう極めて現代的な問題をも加える状況に立ち至っているというふうに思うわけであります。そういう問題について，時間のあります限りで少しお話を進めてまいりたいと思っております。

　最初にまず最近大変議論を呼んでおります生殖補助医療による親子関係ということについて，少し見てみたいと思うのでありますけれども，生殖補助医療技術の進展というのは本当にすさまじいばかりでございまして，究極のそれがクローン人間というふうに呼ばれているわけです。なかなか理解しがたいことなんですけれども，例えば核を除いた女性の卵子に男性の体細胞から取り出した核を移植して，それを女性の体内に戻して妊娠させる。ですから全く同じ遺伝子情報を持った，つまりコピー人間が誕生するというわけであります。

　これはもう明らかなように，精子と卵子の結合による受精という，いわば男女両性の関与が全くない，無性生殖と呼ばれているものでありますから，少なくとも今ここで話題にしようとしている親子という概念にはそもそも当てはまらない性質のものであろうと思います。

　科学的なことはよくわかりませんけれども，男女両性によるいわゆる有性生殖と申しますのは，卵子と精子の遺伝子を混ぜ合わせまして，双方の遺伝情報を持つ子供を残すわけでありますから，遺伝情報のさまざまな組み合わせというふうなものによって双方の子孫が誕生するという，いわば多様性というものが一つの特色だというふうにされているわけでありますけれども，無性生殖ではそうはいかないわけであります。

　いずれにいたしましても，クローン人間というのは現在法律で禁止されておりますから，当面これが具体的な問題になることはないと思いますけれども，こういう問題と申しますのは，法律で禁止をすればそれでそういう事実は発生しないかというと，そうは言えな

いわけでありまして，現に新聞等の報道を見ておりますと，クローン人間づくりを実行すると言っておりますグループ，イタリアとかアメリカの学者とか医者のうちの一人は，この計画に日本人のカップルも参加する見通しであるというふうなことを表明しているというふうに報道もされております。

クローンまでいかなくても，日本の国内で生殖補助医療をめぐる問題が続出しているということは，皆さんよく御承知のとおりでございます。例えば妻の妹から卵子の提供を受けて，体外受精をして出産をしたとか，あるいは，手術で子宮を失った妻の卵子と夫の精子を体外受精させて，そしてその受精卵を妻の妹の子宮に移植して出産をしたという，いわゆる代理母の出現でありますとか，あるいは凍結した卵子を使った体外受精の実施でありますとか，あるいは60歳の日本人女性がアメリカで卵子の提供を受けまして，体外受精に成功して，日本に帰って出産をしたとか，最近の報道を見ておりますと，不妊治療に通っております妻が，既に死亡した夫の残した凍結精子による体外受精というものを希望して，病院側がどうすべきかというような対応策を検討しているというようなことも伝えられております。

こうした動きは，単に子供をもうけるというふうな医療的な視点だけではなくて，倫理的な問題，あるいは法律的な問題，いろいろな角度から社会的にも大変大きな関心と議論を呼んでいるわけであります。

少し時代をさかのぼりますと，父親と母親がいて，その間に子供が生まれる。それはごく当たり前のことでありまして，取り立ててそれが何か大きな問題をはらむということはなかったわけでありま

すけれども，現在ではもうそういう認識では対応できなくなってきております。しかも事柄は国内だけではございませんで，国外で行われる生殖補助医療の利用も大変盛んになっているというふうに，国際的な広がりも持つに至ってきているということであります。

　日本は生殖補助医療が大変進んだ国の一つというふうに言われておりますけれども，その種類によりましては，もう半世紀の実績があるわけです。しかし，肝心のこれに関する法的な整備というのは，医療の側面でも，あるいは法的な親子関係という側面でも，ほとんど何もされてこなかったに等しいというのが現状だと言っていいと思うんです。

　ですから，民法を見ましても，当然のことながら，生殖補助医療によって生まれた子供の地位に関する規定はもちろんございません。生殖補助医療技術というものが人間に対して用いられるようになりましたのは20世紀の後半のことでございますから，19世紀末にできた民法には当初からこれに関する規定がないのは当然と言えば当然であります。しかし問題の根本はそこにあるわけです。

　先ほど少し事例を挙げましたけれども，どう対応すべきかについて明確な物差しはないわけです。例えば長野でございました代理母が出産したという場合の子供の母親は一体誰か。分娩をした妹さんなのか，あるいは遺伝的なつながりのある姉なのか。卵子は姉のものを使ったわけでありますから，母親は姉なのか。父親の場合もそうですね。父親は一体誰か。この代理母には配偶者がいたというふうに伝えられておりますけれども，そうしますとその夫が父親なのか，それとも遺伝的なつながりのある姉の夫なのか。

　あるいは，60歳の女性が出産をいたしました事例はどうか。今の

戸籍実務では，たしか50歳以上の女性が子供を出生したとして出生届があったときには，念のために受理照会をするというような扱いになっているかと思いますけれども（注・この扱いは平成26年7月3日付民一第737号民事局長通達により一部取扱いが変更されています。），皆さんが実態を調査されまして，調べたところ，実はそれは第三者提供の卵子を使ってその女性が出産したものだということが仮にわかったとしまして，一体戸籍の処理はどうなるんだろうかということです。これは現実に出ているケースでございます。当然判断に苦慮することになるわけであります。

ましてや，既に亡くなった夫が生存中に残した精子を凍結保存して，それを使って体外受精をして，現実にもし子供が生まれたら，一体これはどうなるんだろうか。子供の法的な地位について疑問があるだけではなくて，相続等の問題でも大いに問題がありそうであります。

一口に生殖補助医療と申しましても，それが人工授精でありましても，あるいは体外受精でありましても，夫婦の間でなされております限りは，先ほどの死亡した夫の凍結精子を使うなんていう場合は別といたしまして，夫婦間で行われている限りは格別生まれてくる子供の法的地位については問題はないですね。つまりは出産という事実が自然の生殖によるものなのか，あるいは人工的な医療行為の結果かという差があるだけでありまして，格別問題は生じません。

問題は，第三者が絡んでくる場合ということになります。日本でもAID（非配偶者間人工授精），要するに夫以外の男性の精子を使って妻が出産をするという形の人工授精は，実は1949年に最初の子供が慶應大学病院で出産しまして，現在までもう既に1万人以上の

子供が誕生しているというふうに言われております。この場合もたぶん皆さんの窓口には通常の嫡出子の出生届として提出されて，そのように処理をされているのであろうと思うわけです。

　しかし，そのようにして戸籍に記載されましても，少なくともそのことだけでその子の実体法上の親子関係が成立，確定するというわけでは決してないと思うわけであります。特にここでは母との関係はともかく，例えば父の問題，誰が父か，第三者の提供した精子を使うわけでありますから，誰が父かという問題は，血縁関係があるかないかというふうな視点で見てみますと，この場合なぜ分娩をした妻の夫が法的な父親として戸籍に記載されることになるのかということは，少なくとも現行法上は合理的な説明はできないことだろうと思うんです。

　幸いなことに，我が国におきましては，AIDの子供をめぐる親子関係の争いというのは，裁判例の中からはほとんど見出すことはなかったわけです。それだけ円滑にいっていたということなのかもしれませんけれども，最近2件ばかりこれに関係する裁判例が公開されました。

　それによりますと，一つはこういうふうに言っております。夫の同意を得てAIDを行って子供ができたというときには，夫も妻も，夫がその子の父ではないと主張することは許されないというふうに言っております。それから，もう一つは，夫がもしAIDに同意していなかったということであれば，夫は嫡出否認の訴えを起こして，父子関係を否認することができるという判断を示しております。つまり，AIDに対して夫の同意があったかなかったかということが，生まれてくる子供の位置付けのポイントになっているわけでありま

す。

　こういうような判断は，たぶん人工生殖子に関します外国の立法例等も参考にしながら，民法の772条等の趣旨を類推した極めて常識的な判断を示したものだというふうに言えるかとは思うんです。しかし，所詮それは弥縫策，つまり一時的な取り繕いにすぎない一つの判断事例でありまして，それによって人工授精子の法律的な地位が安定するということでは決してないわけです。やはり法律的な整備というものがなければ根本的な解決にはならないわけであります。

　そこで，この問題に対する法的整備の動きがやっと現実化してまいりました。厚生労働省では，生殖補助医療全般を規制するルール作りのため既に審議会を立ち上げまして，審議をスタートさせているようでありますし，また法的な親子関係の整備につきましては，法務省の方で法制審議会に専門の部会を設けて，既に中身の審議に入っておられるというふうなことが伝えられているわけであります。

　そういうふうな動きの一つの大きな契機になりましたのは，皆さんもよくご承知だと思うのでありますけれども，実は昨年末に，旧厚生省の厚生科学審議会の下に設けられておりました専門委員会が生殖補助医療のあり方についてまとめた報告書がございます。これは大変重要な意味のある内容でありますけれども，しかし問題点もたくさん抱えているというふうに思うのであります。詳しくはここでお話しする余裕はありませんけれども，今日はその法的な親子関係という視点でこの報告書が触れていることをご参考までに少しご紹介をしておきたいと思います。

　もちろんこの専門委員会の報告書は確定したものではありません

で，これからの審議の過程で見直しをされる部分も当然出てくると思います。しかし，大枠は，原理原則的なところはたぶん変わらないであろうというふうに思われるわけです。

まず，この報告書は，どういう人が生殖補助医療を受けることができるのかという，その条件につきまして，こういうふうに言っております。子供を欲しいと思いながら不妊症のために子を持つことができない法律上の夫婦に限って利用できるというふうにしております。つまり事実婚あるいは内縁婚のカップルはだめですということであります。

それから，加齢によって妊娠できない夫婦も除外するというふうに言っております。これは生殖補助医療というふうに，医療行為と位置付ければ私は当然だろうと思うんですけれども，そのように言っております。ですから，先ほど60歳の日本人女性がアメリカで卵子の提供を受けて体外受精をしたという事例をお話ししましたけれども，これはこの報告書のスタンダードでいきますとちょっと利用できないケースではないかと思っております。

それでは一体何歳を上限にするかというのが一つの論点として議論されているようでありますけれども，これはやはり医学の可能性というふうな視点だけから決めるというのは極めて問題があるというふうに思っております。

では，どのような内容の生殖補助医療を認めるのかという中身につきましては，この報告書は四つのタイプを容認すると言っております。

一つは，提供精子，第三者が提供した精子による人工授精，先ほど申しましたいわゆるAIDと呼ばれているものですが，これは男性

側に不妊の原因がある場合に用いられる方法でありまして，既に日本では相当の実績がある事柄でありますから，それを追認するといいますか，認知するということであります。

それから，第二のタイプとして，第三者が提供した精子による体外受精も認めるというふうに言っております。例えば夫が全くの無精子症であるというような場合で，しかも妻に体外受精が適用になるような不妊原因がある場合の治療方法，つまり先ほどのAIDによっては目的を達することができない，そういう夫婦に適用できる方法であります。

それから，第三番目には，第三者提供の卵子による体外受精も認めるというふうに言っております。これは妻に卵子がない場合に，夫との間で体外受精をしまして，妻の子宮に戻す。そういうような方法であります。

それから，さらに第四番目に，提供胚，胚というのは，細胞分裂を開始した後の受精卵を胚と言うんだそうでありますけれども，そういう受精卵の移植も場合によっては認めるというふうに言っております。夫に精子がない，妻に卵子がないというようなときに，別の夫婦が体外受精をして使って，まだ残っている余剰卵とか余剰胚とかいうふうに言っておりますけれども，そういうものを利用するケースというものも認めております。

余談でありますけれども，余剰卵とか余剰胚なんていうネーミングははなはだ適当ではないように思うのであります。いかにも医療現場の発想に基づいたようなネーミングのように思うわけでありまして，むしろ未使用胚とか，あるいは未使用受精卵とか言ったほうがいいんじゃないかと思うんですが，そういう方法も認めていると

186

いうことであります。

　以上に対しまして報告書は，代理懐胎はだめだというふうに言っております。その理由はなぜかと申しますと，それは女性を生殖の手段として用いるもので，倫理的にも当然それは認めることはできないというふうに言っております。

　代理母にも二つの形態がございまして，サロゲート・マザーとホストマザーというふうな言い方をしますけれども，サロゲート・マザーと申しますのは，夫の精子を代理母，つまり妻以外の女性に人工授精する方法で，いわば人工授精型の代理母です。ホストマザーと申しますのは，妻に子宮がない場合に，妻の卵子と夫の精子を体外受精して，それを別の女性の子宮に入れるという場合であります。長野でございました日本最初の代理母というのはこちらの事例に当たるかと思います。

　旧厚生省の報告書はこれは禁止するというふうに言っておりますが，実は日本で代理母が現れましたのは，この報告書が出た後でございました。したがいまして，それから非常に議論が沸騰しているわけでありますが，旧厚生省の言っているように，そのままこれを禁止するのかどうかというのはなかなか不透明というふうに言えるのではないかと思っております。

　日本では今までこうした生殖補助医療につきましては，日本産科婦人科学会というお医者さんの団体が自主的にガイドラインを作って，自主規制をしております。そこではどういうふうに言っているかと申しますと，先ほど申しましたAIDもつい3年ぐらい前の1997年にやっと追認したといいますか，公式に承認しましたけれども，体外受精については夫婦間のものに限って認める。つまり第三者の

絡む体外受精は認めないというのが学会の方針であります。それから，代理懐胎，代理母についても認めない。こういう方針を示しているわけです。

　こういう学会の規制の中身と比較しますと，今回の旧厚生省の専門委員会の出しました報告書は，生殖補助医療として認める範囲を随分幅広く認めているように思われるわけです。少しオーバーな言い方を許していただくと，ホップ・ステップを通り越して，いきなりジャンプしているように私には思えるわけであります。

　問題は，仮にそういう方法を認めたとして，法律的な親子関係の確定はどうなのかということについてであります。繰り返しになりますけれども，報告書が認めておりますように，第三者が提供した精子でありますとか，あるいは卵子とか，あるいは胚，こういうものを使用する場合には，それによって生まれてくる子供にとりましては，遺伝的あるいは生物学的な父母と，社会的といいますか，養育の意思のもとに生殖補助医療を利用した夫婦の一方または双方とは，当然のことながら不一致が生じるわけです。その場合に法的な親子関係というのは一体どう考えるのかということが問われることになるわけです。

　それにつきましては，報告書はこういうふうに言っております。まず，提供された卵子あるいは胚による生殖補助医療によって子供を妊娠・出産した人をその子の母とするとしております。それから，妻が夫の同意を得て提供された精子あるいは胚により，生殖補助医療によって妊娠・出産した場合には，その子はその夫の子とするというふうにしております。そして，逆に，精子なり卵子なり，あるいは胚を提供した人は，生まれた子の父母とはされないというふう

にしております。

　これは同じような立法例がフランスとかイギリスにもございますけれども，要するに生殖補助医療によって出産した場合には，現実に子を出産した人が法律的な母であり，その夫が法的な父だというわけであります。つまりここでは従来の実親子関係のような血縁的な要素というものは一応除いて，誰がその子を養育するかというふうな視点で親子関係というものを決めていこうということのようであります。

　この理由につきましては，報告書にはもっと詳しくいろいろ書いてありますから，興味のある方はぜひご覧いただきたいと思うのでありますけれども，いずれにしましてもこの結論自体は，皆さんはどのようにお考えかわかりませんけれども，極めて常識的なことではないかというふうに思うんです。

　なぜかと申しますと，もともと子供が欲しくてもできない，そういう不妊症の夫婦に子供を持つ機会を与えるということが問題のコンセプトであるとしますと，生殖補助医療によって子供を得るという目的が達成できたといたしましたら，その夫婦がその子の法的な親になるというのは，極めてこれは自然ではないかというふうに思うわけです。

　この場合の医療の患者はまさに不妊症の夫婦でありまして，そしてその治療の効果である子供を得るという結果を受けることができるのは，まさにその患者夫婦であると考えるのは極めて自然であろうと思うんです。養育の意思がある者は誰かという，そういう物差しを使う前に，生殖補助医療技術というものを医療行為というふうに位置付ければ，この結論は当然ではないかというふうにも思える

わけであります。

　まして，分娩をした妻は自分の胎内に10か月間胎児を育むという
事実が加わるわけです。子供と母とが遺伝的なつながりがあるかど
うかということは全く抜きにして，とにかく10か月間その女性が胎
児を育んだという事実自体は，それだけで十分にその人を法律上の
母とするというふうに基礎づける正当な根拠にすらなるのではない
かというふうに思うわけであります。

　先ほど申しましたように，報告書は代理母は禁止するというふう
に言っているわけです。ですから，代理母が子供を出産したときに
は，法的な母子関係はどうなるかということについては，当然のこ
とながら何も触れておりません。しかし，そうは申しましても，ル
ール破りというのは必ずあるわけです。ですから，仮に代理母が禁
止されても，ルールを破って現実にそういう子供ができたというと
きにも対応できるようなルールというのはやはり必要だろうと思う
んです。恐らく法務省の方でもそういうことを前提にしていろいろ
議論されているだろうと思うのでありますけれども，そのルールと
いうのは，代理母というものが万一出現しても，分娩をした女性が
法的な母であるという原則を貫くべきだと，私は個人的にはそう考
えているわけであります。

　なぜかと申しますと，その女性がその子を出産したという明確な
事実，それが一つです。それからもう一つは，分娩者，つまり子供
を現実に生んだ人がお母さんだという価値観のほうが，その子と母
との間に遺伝的なつながりがあったかなかったかというふうなこと
を基準にするよりは，今日の日本の社会では受け入れられる可能性
が強いのではないかというふうに思うからであります。

また，そう考えることによりまして，これは大変逆説的でありますけれども，万一代理母が禁止されましても，誰かにかわって生んであげましょうというふうな女性が出現したときにも，生んだ以上はあなたが法律上のお母さんですよというふうに規定することによって，逆に代理母の規制の効果というものがある意味で機能するというふうなことも考えられるのではないかと思うわけであります。

いろいろ問題はございますけれども，そのように考えましても，もっと根本的な問題として，生殖補助医療によって生まれた子供というのは，実子として位置付けるのか，あるいは養子として位置付けるのかという，そういう根本的な議論もあると思います。

しかし，少なくとも子供を欲しいと願っている夫婦の立場から考えてみますと，たとえそれが特別養子型であったとしても，そのような位置付けというのは，そういう夫婦にとっては極めて受け入れがたいアイデアではないかというふうに思うわけです。そして，生まれてくる子供の立場からも，それは実子の範疇に入れるべきであろうというふうに私は個人的には考えております。

現実の立法がはたしてどういうふうな形になってくるかはもちろん予測の限りではございませんけれども，いずれにしましても法的な親子関係の確定の要素として何を中心に据えるのか。そして，その場合の基準は一つなのか，あるいは複数の物差しでもいいのか，いろいろ注目すべき論点があるように思います。少なくとも従来の実親子関係におけるような血縁主義的な論理というものを採用することは極めて問題があるということは明らかであろうと思います。

いずれにいたしましても，この問題は戸籍の実務と大変深いかかわりのある問題であります。これからの法務省での審議，あるいは

厚生労働省での審議，そういったものの成り行きにもぜひ注目をしていただきたいというふうに思うわけであります。

　生殖補助医療の関係はその程度にいたしまして，次に，事実上の親子関係と法的な親子関係というふうなことで，既存の実親子関係の中から，最近話題になりました二つの裁判例をご紹介をして，法律的な親子とは一体何だろうかということを，ちょっと別の角度から考えてみたいと思います。つまり，社会的には親子関係があると思われているし，当事者も自分たちは親子だというふうな感覚が非常に根強くあるのに，現在のところは法的な親子関係の成立が否定されている事例でございます。

　その一つは，皆さんもよくご存じの，日本では以前からありました「藁の上からの養子」というのがあります。他人の子供を生まれてすぐにもらい受けて，そして自分の実の子として育てる。もちろん出生届も自分たち夫婦の子としてするわけです。ですから戸籍上はその夫婦の嫡出の子として記載されるわけであります。

　しかしながら，こうした戸籍上の親子関係につきましては，実親子関係としても，あるいは養親子関係としても認める余地はないというのが，少なくとも最高裁の基本的な立場だと言っていいと思います。血縁関係が存在しないということを理由とする虚偽の親子関係，そういうふうな親子関係は，どんなに社会的に本当の親子らしく見られて，お互いに親子として生活をしてきましても，またそれが戸籍の記載と一致しておりましても，それは法律上の親子として認めるわけにはいかないというわけであります。

　まして，虚偽の嫡出子出生届を養子縁組届に転換をして，養子縁組としての効力を認めるということも，養子縁組というのは縁組届

という要式を踏まない限りはそういう効果は発生しないと，非常に厳格に解釈されておりますから，そういう効果もないというのが従来の最高裁の一貫した理論と言っていいと思うわけです。

こうした真実の血縁関係は存在しないということを理由にして，戸籍上の親子関係が争われる事例というのは，裁判例等を見ておりますと時々出てくるわけでありまして，最近も平成9年3月11日に最高裁で一つの判決がございました。これからお話しすることは，この判決が正当かどうかというふうなことではなくて，親子って一体何だろうかという，そういう視点でお聞きいただければ結構でございます。

この事件の夫婦には，虚偽の嫡出子出生届によりまして，戸籍上長男として記載されている子供がおりましたけれども，実はもう一人，養女がおりました。この養女のほうは本来の養子縁組をしておりますから，本来の養女ということになるわけでありまして，ですから二人の兄妹がいるということになります。

さて，戸籍上の父が亡くなりまして，当然相続が開始いたします。家業としてある事業を営んでおりましたけれども，その事業の引き継ぎをめぐって兄妹間で争いが生じたようであります。

養女のほうは，兄が実の子ではないということを以前から知っておりました。そこで妹は，兄は養子だけれども正規の縁組をしていない。だから法律上，父母とは親子関係はない。だから父の死亡によって開始した相続の権利もないというふうに主張しまして，兄と戸籍上の父との親子関係不存在確認の訴えを起こしたわけです。そうしまして，最高裁が先ほど申しましたような従来の論理でこの訴えを認めたわけです。つまり親子関係は存在しないという判断をし

たわけであります。

　裁判の記録を読んでみますと，この事件で法的な親子関係を否定された人は，何と過去50年にわたって社会生活上親子として取り扱われてきたわけです。もちろん実の親と信じている。そして親のほうも実の子として育てて，半世紀にわたって大変円満な家庭生活を送ってきたようであります。しかし，それでも血縁関係がない，事実がないとして，法的な親子関係は認められないというわけであります。

　この事件はほかにも幾つか論ずべき点があるだろうと思うのでありますが，相続争いの絡んだ親子関係不存在確認の訴えは，場合によれば権利濫用の理論を使って，そういう訴えは退けるべきであるというふうな考えもございますけれども，それはともかくといたしまして，親子関係を否定された男性は，血縁関係がないという，その事実だけでそういう結果を受け入れるべき正当な理由があると果して言えるんだろうかという疑問があるわけです。

　50年という半世紀にわたって培ってきた良好な親子関係でさえも，血縁関係が存在しない，そういう事実は50年の積み重ねを一気に否定するほどに正当な理由になり得るものなのかどうか。そういう問題意識というか，疑問があるわけであります。つまりこの事件は血縁関係の存在ということの意味を問うているように思うわけです。あまり個別の具体的な事情に目を奪われてエモーショナルに見るのはどうかと思いますけれども，しかし，法的な親子とは一体何だろうかということを考えさせられる一つの事例だろうというふうに思うわけであります。

　もう一つは，平成９年11月12日に大分地方裁判所で判決があった

事例であります。これはDNA鑑定と親子関係に関する事件でございました。

　事案は，ある男性の付き合っております女性が妊娠し，そして出産をしたわけですけれども，その女性は実はその男性以外に別の男性とも付き合っていたようであります。出産したときはまだ未婚の状態でありましたから，未婚の出産でしたけれども，出生届は自分の子とはしないで，生んだ女性の両親の子として届出がなされたようであります。もちろんこれは虚偽の出生届ということになりまして，今でもこういう届出があるということに驚きを感じるわけであります。たぶんこれは出生証明書があるいは虚偽のものであったのかなという感じもするわけでありますが，とにかくこの事案の場合に，その男性はどうしてもその女性と結婚したいと思っておりましたから，その女性が生んだ子を自分の子として，つまり自分が父親としてその子を育てるから，ぜひ結婚してくれと言ってプロポーズをしたわけであります。

　ところが，女性はそれに対して，その子の父親は誰かはっきりしないんですと，そういうふうに言ったというんです。そんなことがあり得るのかどうかよくわかりませんけれども，とにかく強く結婚を迫られて，結局応じたわけです。いろいろ経過はありますけれども，最終的には戸籍訂正，誤った戸籍を訂正して，その男性がその子の父親として記載をされたわけであります。

　ところが，その後21年ぐらいたちましてから，この夫婦は破綻をいたしました。離婚をしたわけであります。そしてその離婚を契機として，男性がその子と自分との間には親子関係は存在しないといって訴えを起こしたのがこの事件のあらましでございます。

この男性は，今話題のDNA鑑定というものを使いまして，親子
関係の不存在を主張いたしました。ところが，この裁判を担当いた
しました大分地方裁判所は，今さら親子関係を覆すことはできない
というふうに判断をいたしました。つまり二十数年にわたって本当
の親子として生活をしてきたという事実と，その事実に対する子供
の信頼，そういうものは法律的に保護に値するというふうな判断を
したわけであります。つまりそこでは親子としての生活事実の積み
重ねというものを裁判官は判断の基準にしたわけであります。

　もちろん皆さんもご承知のように，日本の民法の中には，そうい
う生活の実態を伴う親子関係を尊重して，法的なレベルに上げると
いうふうなシステムはございません。だからこそ逆に言えばこの判
決は注目を浴びた判決であったと言えるのかもしれません。

　もっとも，この事件は控訴審に係属いたしましてからは，控訴審
の福岡高裁では，DNA鑑定によりまして，血縁関係は存在しない
として，親子関係を否定する逆転判決という結果に終わっておりま
す。こちらは血縁関係があるかないかということを基準にして判断
をした，いわば従来の主流的な流れに沿った判決だと言えると思い
ます。

　しかし，先ほどの最高裁の判例もそうでありますし，この大分地
裁の事例もそうでありますけれども，親子関係を否定された子供の
立場になってみますと，彼らは何ら責められるべき理由はないわけ
です。そして相当の期間にわたって親子としての生活事実というも
のを積み重ねて，それを信頼していたということを考えてみますと，
親子とは何かということを改めて問うているように思うわけであり
ます。少しオーバーな言い方をいたしますと，現行民法の実親子関

係の法的な枠組みの今日における妥当性というようなものを問うているようにも思われるわけでございます。

　大分地裁の裁判事例は，実はフランスの民法にございます身分占有という制度の考え方を取り入れた理論だというふうに評する学者もおります。皆さんは占有なんて言いますとすぐに財産的なものの占有ということをイメージされると思うのでありますけれども，フランスには身分法の世界でも占有という制度があるようでありまして，身分証書と言いまして，日本とは少しシステムは違いますけれども，日本の戸籍に当たるものがあります。この身分証書，つまり出生証書に記載されておりますことと，それと合致する身分的な事実がございますと，一定の範囲でそれが法的な保護に値するものとして位置付けられている制度として，身分占有というふうな制度があるようでございます。

　フランス民法の規定を見てみますと，身分占有と申しますのは，例えば親と同じ氏を称しているという事実がある，あるいは親子として扱われた事実がある，あるいは社会によって親子として認められている事実，こういうものが身分占有の主要な事実として条文に掲げられております。

　また，嫡出でない子の場合にも同じような趣旨の規定がございます。フランス民法に明るい学者のお書きになったものを読みますと，フランスでも婚姻外で子供をもうけた女性と結婚するために，男性が善意で，あるいは好意で虚偽の認知をする。つまり自分とその子は血縁関係がないけれども，そのことを承知の上で自分がその子の父親になるという意思で認知をすることでありますけれども，そういうことがままあるそうであります。日本ですとこういう認知は当

197

然無効ということになろうかと思います。しかし，フランスの場合には，こういうふうな場合でも一定の年限，たしか10年だったかと思うんですけれども，認知と合致した身分占有，つまり認知をした人と認知をされた人が共同の生活を送るというようなことが例えば10年継続したというふうなことがあれば，たとえそれは血縁関係の存在しない虚偽の認知であったとしても，少なくとも認知をした側からそれを争うことはできないというふうに規定をされております。一種の制裁のような感じもしないわけではありませんけれども，そういう規定がございます。

　そういうふうなフランス民法の規定なんかを見て読み取れますことは，少なくとも血縁の存在というものだけで親子の要件というものを考えるのではなくて，一定の事実の継続，身分証書と合致したそういう事実の継続も重要な要素として，それも等しく守るべき，あるいは守るに値する親子関係というふうにして位置付けているというふうに言えるかと思います。いずれにいたしましても，制度の是非論はともかくといたしまして，法的な親子とは一体何だろうかということを考える場合に大いに参考になるようにも思うわけであります。

　もちろん，そうは申しましても，事実があれば何でも法的な関係にということになるかというと，そういうことにはなりませんけれども，しかし，血縁主義というものを基本に置きながらも，親子関係の多様化をもう少し受け容れるというふうな方向に関心が示されてもいいのではないかという感じがいたします。つまり血縁主義というものを墨守することから脱却して，もう少し親子の概念を柔軟に構成をして，血縁も，それから養育の意思も，あるいは場合によ

れば養育の事実，そういうことも考慮に入れてもう一度親子関係というものを構築してみるというふうなことを検討してもいい時期に来ているのではないかというふうな感じもするわけであります。

　そういう方向性を目指すためには，私たちが持っております根強い血縁中心の親子観というふうなものを改めていくという，そういう意識改革というものも当然これは必要だろうと思いますけれども，そんな感じがするわけであります。

　そういうことを考えてみますと，DNA鑑定というふうなことで血縁関係があるかないかということがはっきりするというのは，文字どおりこれは両刃の剣と言うべきでありまして，血縁関係の存在が明らかになればすべてそれでいいということには決してならないわけであります。子供にとって有利に作用する，そういう場合は格別，それ以外はやはりもう少し鑑定のルールというふうなものを考える必要があるように思うわけであります。

　こうした親子関係の問題でよく引き合いに出される話で，皆様よく御承知だと思うんですが，有名な話で，大岡越前守の大岡政談の話というのがございます。子争いの事件といって，先妻と後妻がともに10歳の娘を自分の子だと言って争って，裁きを求めたという事件でありますけれども，その求めに対しまして，その子の手を両方から引かせまして，勝ち取ったほうを親にしようと言って一斉に手を引かせたわけであります。その際に子供が痛さに耐えかねて泣くのを見て思わず手を離した先妻のほうを親だと判決をしたというふうな話がございます。

　今はもう亡くなられましたけれども，民法学の権威で谷口知平という先生がいらっしゃいましたけれども，谷口先生はつとに，愛情

こそが血縁よりも重要なのであって，それこそが親子関係を認める第一の要件だというふうに指摘されておりました。そして，谷口先生はこの事件につきましても，まさに親子らしい愛情に親子たる所以を認めたものというふうに，先生の名著として知られております「親子法の研究」という書物の中でそのようにお書きになっております。当時，DNA鑑定の技術がもしあったとしたら，はたして大岡越前守はそれを利用したであろうか。聞いてみたいものでございます。

　さて時間も迫ってまいりました。最後に嫡出推定の排除をめぐる問題についてお話しておきたいと思います。この問題も法的親子関係とりわけ法的父子関係の成立・確定の時期，その範囲等をめぐる大事な論点の一つでございます。

　民法772条によって「嫡出子」と推定される場合には，嫡出否認の訴えによらなければその推定を覆すことはできないことになっており，また，この訴えは提訴権者や提訴期間等について厳格な制限があることは皆さん御承知のとおりでございます。

　しかし，この規定は夫婦がごくごく通常の状態で関係を維持していることを前提にして設けられているものとされておりますから，そのような前提が欠けているような場合は「嫡出推定」が排除されるというように考えることには判例も学説もほぼ異論はないといっていいかと思うんですね。このように形式的には民法772条による嫡出の推定を受ける嫡出子として扱われるけれども772条の立法趣旨に即して解釈することによりまして同条の推定規定の適用を受けないものと考える子のことを「推定の及ばない子」あるいは「推定の及ばない嫡出子」と呼んでいるわけですね。そして，このような

「子」の戸籍上の父との関係を争うには嫡出否認の訴えではなく，一般の親子関係不存在確認の訴えでよいとされていることも皆さんよくご承知のことと思います。

　問題はどのような場合が「推定の及ばない子」に当たるのかということでございます。少しオーバーに申しますと百花繚乱のごとく学説が存在しています。今日は時間もありませんからそれらを一つ一つ御紹介する余裕はございませんが，ともすれば学説の対立に目を奪われて，問題の本質が「法的親子関係の確定」に関する現行民法772条を中心とした関係規定の総合的な解釈論のあり方にあるにもかかわらず，学説の中には立法論としてしかとらえようのない見解もありますし，解釈論としての合理的根拠の極めて乏しい見解，あるいは個別の解決に焦点を当てすぎて全体的な視点が薄れているようにもみえる見解もあるように思います。根本的にはそろそろ立法による手当が求められているのかも知れません。それはともかくとしまして，どのような説に立ちましてもほぼ異論なく推定の排除が認められておりますのは，夫婦が長期間別居して事実上の離婚状態にある間に妻たる身分を保持している女性が出産したとか，夫が長期にわたり刑に服している間に妻たる身分を保持している女性が出産したとかいうように，妻が夫の子を懐胎することが不可能であることが客観的にといいますか外観上明らかである場合であるとされています。このような結論を導く学説を外観説と呼んでおります。最近最高裁判所が，念押しするようにこの「外観説」に立つことを明らかにした注目すべき判決を出しました。念押しするようにと申しましたのは実は最高裁は既に昭和44年5月29日の有名な判決で外観説的見解に沿った判断を示しております。それは離婚後300日以

内に生まれた子（形式的には推定を受けますね）でありましても，母と夫との間には全く交渉がなく，夫婦の実態が失われていたときは，772条の推定を受けないとしまして，つまりその子は「嫡出でない子」であるから，母の相手方である事実上の父たる男性に対して認知の請求をすることができるとしたものでございます。これは文字どおり外観説を象徴するような事例でありました。そして最高裁は最近も平成10年8月に同趣旨の判断を示しております。そして今回といいますか平成12年3月14日の判決でこの外観説に立つことを再確認した判断を示したわけであります。事案は婚姻成立の日から200日経過後に妻が子を出産しました。当然形式的には推定を受けますね。夫たる父親が出生届をしました。ですから当然のことながら戸籍上はその夫婦の子として記載されました。ところがこの夫婦は婚姻から3年少しぐらい経ったところでその子の親権者を母として協議離婚をしたんですね。そして子は母親が離婚復氏した氏に変更して母が養育していたようであります。

　別れた父親は離婚後その子が自分の子ではないという噂を聞いて別れた妻に問い質しましたところ彼女はそれを認めたというんですね。さらに本当のつまり血縁上の父と称する男性からもあの子の父親は自分であると電話してきたというんですね。

　嫡出推定規定の排除の問題をめぐって外観説的立場に軸足を置きながら鋭い論陣を張っておられます東北大学の水野紀子教授はある論文の中で，夫の嫡出でない子が「生きている婚姻」に対する姦通の結果として出生する場合が多いのに対して，妻の嫡出でない子は「死んだ婚姻」に対する姦通の結果である場合がほとんどである，と指摘されています。つまり夫が嫡出でない子をつくるのは妻とも

普通の関係を継続しなから妻以外の女性と関係を持った結果である
場合が多いのに対して，妻たる身分を持った女性が嫡出でない子を
つくるのは，既に夫と事実上別居しているような状態で夫以外の男
性と関係を持った結果生まれる場合が多いとされるわけであります。
言い得て妙というべきかもしれませんが，最近は必ずしもそうとも
言えないような事例が結構増えているのではないでしょうか。

　いずれにしましても本件では離婚した夫が別れた妻との間に生ま
れた子に対して父子関係不存在確認の訴えを起こしたというもので
あります。つまりこの時点ではもう本来の嫡出否認の訴えを提起で
きる期間はとっくに過ぎていますからこの方法しかないわけですね。

　第一審は，この子は772条の規定によって嫡出の推定を受ける子
であるから，その子が明らかに夫の子ではあり得ないという客観的
な事実が存在しない限り「親子関係不存在確認の訴え」で争うこと
は認められないとして訴えを却下しました。つまり父親の訴えにノ
ーと応えたわけであります。さきほどの外観説に立つものといえま
す。

　ところが第二審は第一審とは全く別の視点に立ちまして，両親が
離婚するなどして嫡出推定，嫡出否認の制度の基盤である家族共同
体の実体が失われたような場合には，親子関係不存在確認の訴えは
認められてよい，として差し戻す判断をしました。もちろん無原則
にできるとはしておりませんで，父子間の自然的血縁関係の存在に
疑問を抱かせるような事実がわかったのち相当の期間内にという限
定はつけています。こちらは明らかに血縁主義，真実主義的考慮を
優先させているわけですね。学説に家庭破綻説というのがあります
がそれに近い見解といってよいと思います。

この二つの判断を比較しますと皆さんもおわかりのとおり「子」の地位は決定的に異なるものになりますね。

　一審の立場に立ちますと，子の地位は出生により取得した嫡出子の地位は確定します。つまり戸籍上の父母との法的親子関係は確定しますね。親子関係が確定するということは親子関係から発生する諸々の権利義務関係が両者の間に生じる関係が確定するということですね。法的親子関係を論じる実益というのは多くはそこにあると思うんですね。

　しかし二審の立場に立ちますと，出生によりいったん推定された嫡出子の地位は血縁関係の不存在を理由としてその地位が覆される可能性があります。もちろんここでは覆されることそのこともさることながら，この事例のような場合にも覆すことを認める場合に加えていいのかどうかです。二審のように考えますとこの子の地位はどうなるでしょうか。法的父親はどうなるのか。最悪の場合は「嫡出でない子」として法的父親さえ持てない可能性もあります。

　最高裁は一審の判断を支持しました。要するに家庭が崩壊したからといってそれだけで当然に子の身分関係の法的安定を保持する必要がなくなるものではないから，嫡出否認の訴えの提起期間が過ぎた後に親子関係不存在確認の訴えをもって争うことはできないとしました。

　もちろんこの判決の評価はいろいろありまして，この判決の論理では，形式的な身分関係は安定しても，実質的な身分関係の安定は期待できないという批判もあります。つまり自分とは血縁関係が存在しないのではないかという疑いを持った父が子のために養育などの義務を果たすことを期待することは至難の技というわけでありま

す。確かにそういう側面があることは否定できないと思います。し
かしそれは最高裁の判決の論理に対する正面からの批判にはならな
いのではないかと私は考えています。なぜかと申しますと最高裁判
決のいう子の身分関係の法的安定という論拠は身分秩序としての親
子関係確定の原理原則を説いているものではないかと思うわけです。
しかもそれは絶対の基準ではなくて外観説によりそのような考えを
排除する措置も認めた上でのことであるとして，現行民法772条等
関係規定の解釈のあり方を示すものであろうと思います。

　いずれにしましても利害関係さえあれば何時までででも父子関係不
存在確認の訴えを起こすことができるという子の範囲はできるだけ
制限的に解釈運用されるべきであろうと思います。なによりも親の
ありよう（例えば破綻離婚）が子の法的地位の変動に連動するよう
な結論を親子関係の存否の問題に安易に持ち込むことは親子という
本来縦の関係で決定すべき事柄に異質の要素を持ち込むもので妥当
ではないと思います。最高裁の立場は支持されるべきであろうと思
います。

　いずれにいたしましてもこの民法772条を中心とした嫡出推定の
排除の範囲をめぐる問題につきましては，親子関係不存在確認の訴
えの認められる範囲の拡大とりわけ下級審における最近のその傾向
とか，家庭裁判所における家事審判において関係当事者の合意さえ
あれば，本来嫡出否認の裁判でなければ否定できないと思われるケ
ースについても親子関係不存在の審判がなされているという状況を
目して「嫡出推定規定の空洞化」現象などといわれておりますが，
今回の最高裁判決はそうした流れに一つの歯止めの作用を果たすの
ではないかと思います。本日のテーマであります「親子とは何か」

を考えるに際して参考になる判例であると考えてご紹介しました。冒頭に申しました法的親子とは法的制度であり法的社会関係であるということの意味を改めて考えさせられる事例であると思うわけであります。

　実は今日はこの問題に関連しまして出生届の問題にも触れたいと考えておりましたが，もうお約束の時間は過ぎてしまいました。また何か別の機会にご紹介できればと思っております。大変雑駁なお話で，おわかりにくかったかと思いますけれども，終始大変熱心にお聞きいただきまして，本当にありがとうございました。

　皆さんの益々のご健勝と本会の一層の御発展を心からお祈りしまして，私の話を終わらせていただきたいと思います。ありがとうございました。

　（拍手）

　司会　大変有意義で興味深いご講演，誠にありがとうございました。

　ここで，澤田先生の今後のご健勝と益々のご活躍を祈念いたしまして，先生にもう一度盛大な拍手をお願いいたします（拍手）。

　どうもありがとうございました。皆様方には，長時間にわたりまして熱心にご聴講いただきまして，誠にありがとうございました。

　司会　以上をもちまして，2日間にわたる総会の日程すべて終了しました。ここで会長から閉会のご挨拶をいただきたいと存じます。会長，壇上のほうによろしくお願いいたします。

　石川会長　皆様，2日間にわたりまして大変ご苦労さまでございました。特に先ほど澤田先生から親子はというお話をしていただき

ましたが，法律的なお話は澤田先生のいろいろなお話のとおりだろ
うと思いますけれども，一体親子とは何なのかということを大変考
えさせられるお話であったろうと思います。

　皆さんは戸籍のお仕事をされているわけですが，今，社会は実の
親子であっても養育の放棄ですとか，いじめだとか，虐待だとか，
そうしたことが大変多うございます。本当に一体親と子というのは
何なのかということを大変問われているのではないかと思います。

　考えてみますれば，実は子育てというのは，人間が手作りで行う
最高の喜びなんだろうと私は思います。どうも私たち大人はそのこ
とを少し忘れているんじゃないかという感じも，澤田先生のいわゆ
る大岡裁きのお話の中で愛情ということが出てまいりましたが，何
となく感じております。

　あるいは，家庭と申しますか，そうした役割がなかなか従来と変
わってきて，学校にいろいろなしつけだとか養育を期待するという，
そういう風潮が出てまいりましたが，どうも違うのではないか。実
は子供さんに一番近いのは親であります。親が子どもを養育できな
くて何で学校という議論が出てくるのか，大変疑問に思っておりま
す。

　戸籍ということを離れて，たぶん皆さんは子供さんをお持ちでし
ょうから，もっと子供と親は向かい合う，そうしたことを我々大人
はしていかなければいけないんじゃないか。あるいはそのことをど
うも忘れているのではないだろうかというようなことを感じました。

　澤田先生のいろいろなお話を通じて，改めて親子，家庭とは何ぞ
やということを問い直されたのではないかというふうに思いまして，
大変貴重なお話をいただいたなというふうに思っております。

いずれにいたしましても，この2日間が大変実のある会議であったというふうに思っておりまして，改めて皆様方に厚く御礼を申し上げ，今後，皆様方がそれぞれの職場で元気に頑張っていただきたいということをお願い申し上げまして，ご挨拶といたします。どうもご苦労さまでした。(拍手)。

戸籍誌726号（平成14年第54回全連総会特集号）所収

［著者紹介］
澤田 省三 ●●●●●

略　歴
1936年生。兵庫県豊岡市出身
法務省勤務を経て，宮崎産業経営大学法学部教授，同法律学科長，鹿児島女子大学教授，志學館大学法学部教授，同図書館長，中京大学法科大学院教授，全国市町村職員中央研修所講師，全国市町村国際文化研修所講師等歴任

著　書（主なもの）
「夫婦別氏論と戸籍問題」（ぎょうせい）
「家族法と戸籍をめぐる若干の問題」（テイハン）
「新家族法実務大系2」共著（新日本法規）
「ガイダンス戸籍法」（テイハン）
「私の漱石ノート」（花伝社）
「渉外戸籍実務基本先例百選」（テイハン）
「戸籍実務研修講義（増補・改訂版）」（テイハン）
「法の適用に関する通則法と渉外的戸籍事件―基礎理論と実務への誘い―」（テイハン）
「戸籍実務研修講義―渉外戸籍編―」（テイハン）
「ピックアップ判例戸籍法Ⅰ・Ⅱ」（テイハン）
その他多数

家族法と戸籍実務等をめぐる若干の問題・上

2022年2月17日　初版第1刷印刷　定価：2,640円（本体価：2,400円）
2022年2月23日　初版第1刷発行

| 不複
許製 | 著　者 | 澤　田　省　三 |
| | 発行者 | 坂　巻　　　徹 |

発行所　東京都文京区本郷5丁目11-3　株式会社 テイハン
電話 03(3811)5312　FAX 03(3811)5545／〒113-0033
ホームページアドレス https://www.teihan.co.jp

〈検印省略〉　　　　印刷／三美印刷株式会社
ISBN978-4-86096-145-9